루터를 말한다
루터가 말한다

루터를 말한다
루터가 말한다

지은이 | 손교훈 외 22명
표지 디자인 | 안은숙
펴낸이 | 원성삼
펴낸곳 | 예영커뮤니케이션
초판 1쇄 발행 | 2024년 10월 4일
등록일 | 1992년 3월 1일 제2-1349호
주소 | 03128 서울시 종로구 대학로3길 29, 313호 (연지동, 한국교회100주년기념관)
전화 | (02) 766-8931
팩스 | (02) 766-8934
이메일 | jeyoung_shadow@naver.com
ISBN 979-11-89887-87-2 (03230)

값 25,000원

 모든 인간은 하나님의 형상을 닮은 존귀한 존재입니다. 사람은 인종, 민족, 피부색, 문화, 언어에 관계없이 모두 다 존귀합니다. 예영커뮤니케이션은 이러한 정신에 근거해 모든 인간이 존귀한 삶을 사는 데 필요한 지식과 문화를 예수 그리스도의 사랑으로 보급함으로써 우리가 속한 사회에 기여하고자 합니다.

어두운 시대 속에서도 포기할 수 없는 교회

루터를 말한다
루터가 말한다

독일 선교사 손교훈 외 22명 함께 씀

예영

　　독일에서 장기 선교사로 헌신하고 있는 한인 선교사들이 중심이 되어 저술한 이 책은 여러 가지 특장(特長)과 쓸모를 드러내고 있다.

　　종교개혁의 본고장인 독일에서 선교사로 살면서 조국의 교회 현실의 난맥상과 부조리를 보면서 느꼈던 탄식과 애타는 마음이 책 이곳저곳에서 드러난다. 루터 종교개혁의 현장에 살면서 다시 정리한 루터 종교개혁과 유럽 종교개혁사 개관을 저작해 준 모든 저자들에게 위로와 감사를 전한다.

　　우리는 우선 이 책의 세 가지 특장을 언급함으로써 왜 이 책을 꼭 읽어야 하는지 추천의 변을 제시하고자 한다.

　　첫째, 생생한 종교개혁 유적지 사진, 고서 사진, 그리고 많은 도상자료들이 책 읽는 것을 도와준다. 이 책의 전체적 구성과 편집이 많은 정보를 주려는 목적보다 종교개혁의 큰 맥박과 흐름을 파악하는 데 도움을 준다. 모든 저자들의 글이 절제되어 있다. 저자들은 그들의 지식을 극히 방출하지 않고 종교개혁의 큰 서사를 따라 가도록 친절하게 돕는다.

　　둘째, 루터의 종교개혁의 결정적 사건들, 저작들, 그리고 루터의 핵심동역자들 면면을 잘 살피되 그의 종교개혁 활동에 유의미한 도시들을 중심으로 루터의 종교개혁을 소개한다. 이런 접근은 독일학자들(하이델베르크의 마이클 벨커와 그의 동료들)이 시도했지만, 그동안 한국 저자들은 이런 시도를 하지 못했다. 루터의 종교개혁 유적지의 의미를 간결하지만 요령있게 소개하는 이 책은 루터의 종교개혁의 큰 방향과 핵심내용이 뭔지를 한눈에 조감할 수 있게 해준다.

셋째, 이 책은 루터의 종교개혁의 당대적 파급효과, 열매, 그리고 유럽 종교개혁으로의 확산도 다룰 뿐만 아니라, 제2의 종교개혁이라고 볼 수 있는 경건주의 운동도 다룬다. 루터가 끼친 사회적 영향, 교회예배적 개혁 요소와 음악 등 루터의 업적이 확산된 다른 영역까지 다룬다는 점에서 간결한 백과사전적인 정보를 제공한다. 이 책은 종교개혁 기념주간 루터의 종교개혁사 학습용 교재로 쓰이기에 적합하다. 한국 교회 목회자들과 의식있는 평신도 여러분께서는 이 책을 통해 한국 교회의 개혁방향을 숙고하고 기획하는 데 적지 않은 통찰과 위로를 얻게 될 것이다.

김회권(숭실대학교 교수)

재미있게 읽기 시작했다. 능숙한 안내자를 따라 종교개혁지를 탐방하는 느낌이었다. 루터의 고민과 채취가 묻어 있는 도시들, 숨어 들어 변장하고 성경을 번역하던 성, 벗들과 우정을 나누며 신학을 논하던 식탁을 직접 방문한 것 같은 생생한 경험이다.

안내를 받으면서 안내자의 생각과 경력, 관심사가 궁금해지는 때가 있다. 저자들의 약력을 들여다보며, 어떤 학문적인 노력을 기울이며 살아왔는지, 어떤 고민과 소망을 갖고 선교의 현장을 섬겨 왔는지 한참 생각하게 되었다. 다들 따로 연구서를 내도 충분한 분들인데, 협업하여 낸 결과물이 황송했고, 그 우정이 무척 부러웠다.

옛날이야기를 하면서, 오늘의 문제의식을 이렇게 시퍼렇게 담을 수 있다는 것이 놀랍다. 우리는 이 책을 앞세워 치열했던 종교개혁 현장을 방문해 볼 수 있고, 이 책을 벗삼아 시간 여행을 해 볼 수 있고, 스승 삼아 중요한 신학적 주제의 연원을 헤아려 볼 수도 있겠다.

무엇보다 이 책을 거울 삼아 자신의 삶을 비추어 볼 수 있을 것이다. 개혁의 선배들에 비하면 턱없이 비겁하고 나태한 자신의 모습을 반성하게 하고, 그럼에도 여전히 우리에게 희망이 있음을 일깨워 주는, 참으로 고마운 책이다.

박영호(포항제일교회 담임목사)

1910년 스코틀랜드의 에딘버러에서 세계 최초로 선교대회가 열렸습니다. 세계 선교관련 대표자 1,200명이 한 자리에 모여 당시 세계선교 상황의 보고를 통해 선교의 긴급성을 공유하고 통일된 선교전략의 필요를 제시하였던 대회였습니다. 거기에서 제일 강조되었던 선교전략은 Brotherly와 Unity였습니다. 현지의 사람들과는 형제애를 가지고, 그곳의 모든 선교사들과는 연합을 이루라는 것이었습니다. 현지의 사회와 문화를 알고 사람들과 어울리라는 뜻이고, 모든 선교사님들과 함께 사역을 하라는 것이었습니다. 그것이 효과적인 선교를 위한 필수 요소라는 것을 확인했던 것입니다.

독일에서 사역하는 스물세 분의 목회자들이 Brotherly와 Unity를 위해 헌신하다가 그 헌신의 결실을 세상에 내놓게 되었습니다. 저는 이것이 단순히 종교개혁의 땅과 루터를 소개하는 책이 아니라 독일에서 사역하는 목회자들의 선교를 위한 노력의 결실이라고 생각합니다. 그 땅의 역사와 문화, 사람들을 전문적으로 이해하려는 몸부림이고, 같은 지역을 섬기는 목사님들과 함께 연합하려는 엄청난 노력의 결과라고 여깁니다. 같은 지역 목회자들의 연합은 결코 쉽지 않은 일이기 때문입니다.

　이 책이 루터의 종교개혁을 보다 바르게 이해하는 데에 큰 도움이 될 뿐 아니라 모든 선교사님들의 선교사역에도 그 방향과 방법에 대하여 많은 도전이 되면 좋겠습니다. 항상 교회와 신앙을 바르게 개혁하고자 하는 목회자들과 평신도, 그리고 모든 선교사님들께 이 책을 기쁘게 권합니다.

오대식(전 일본 선교사, 높은뜻덕소교회 담임목사)

 이 책의 저자들은 독일 여러 도시에 거주하는 한인 선교사들이다. 루터의 종교개혁이 일어난 독일을 선교지로 삼아서 활동하는 선교사들이 루터의 종교개혁 유적지를 방문하고, 루터의 행적을 조사하고, 그의 삶과 사상을 연구하여 쓴 책이라는 점에서 그 발간의 의미가 남다르다. 개신교의 발상지, 원조, 그 근본으로 돌아가는 개혁적인 역사의식은, 그곳에서 한국으로 돌아오는 교회를 개혁하려는 열망과 상상력과 의지를 북돋아 준다.

 이 책은 먼저 제1부에서 루터의 발자취를 따라 열네 곳을 돌아보고, 이어서 루터의 사람됨과 사상과 주요 주제를 살펴본다. 제2부는 루터 사후 두 세기 동안의 종교전쟁, 로마 가톨릭의 반종교개혁, 그리고 개신교가 무미건조하고 쇠퇴할 때 일어난 경건주의 개혁을 다룬다. 독일을 여행하며 루터의 유적을 찾아가려면 지리적 안내서인 1부 1장이 도움이된다. 유적지를 두 번이나 방문해 본 처지에서 보아도, 이 책에는 새로운 내용이 많고, 어떻게 돌아다녀야 할지 잘 안내해 놓았다. 좀 더 깊이루터의 사상과 삶을 이해하려면 1부 2장을 정독하면 되고, 전쟁과 개혁의 소용돌이가 몰아친 유럽의 종교개혁사를 입체적으로 보려면 제2부를 읽으면 될 것이다.

이 책을 읽으면 자연히 제3부를 생각하게 된다. 즉 오늘 한국 교회의 개혁 문제이다. 루터의 독일 종교개혁은 한국 교회의 개혁과 무슨 상관이 있는가? 2017년 루터 500주년을 맞아 한국 교인들은 독일 방문 행사와 루터 유적지 관광에 많은 시간과 돈을 쏟아부었지만, 진작 한국 교회는 더 부패와 쇠퇴의 수렁으로 더 빠져들었다. 세계 신학계는 루터의 개혁으로 만들어진 개신교가 500년 만에 그 수명을 다했다고 진단했다. 새로운 종교개혁이 일어나지 않으면, 북반구에서 기독교는 급격하게 감소할 것이다. 이 책은 그런 위기의식을 가진 선교사들이 함께 손을 모아 사랑하는 한국 교회를 위해 낸 책이다. 개신교 발상지에서 들려주는 선교사들의 역사 이야기에 귀를 기울일 때, 과거의 이야기가 지금 한국 교회의 개혁을 위한 예언자의 목소리로 다가올 것이다.

옥성득(UCLA 한국기독교 석좌교수)

『루터를 말한다 루터가 말한다』를 출판하며

책이 쏟아지는 시대에 또 하나의 책을 더하게 되었습니다. 쓰레기처럼 버려질 짐을 더하는 일이 아니었으면 좋겠습니다. 독일 선교사로 살아가는 일에 자부심이 있지만, 그만큼 부담도 큽니다. 조국 교회를 바라보며 그리움과 더불어 안타까움이 몰려올 때가 많습니다.

혼자 책을 냈더라면 벌써 세상에 나왔을 것입니다. 하지만 여러 동역자들의 서로 다른 표현들을 통일시키고, 앞뒤 연결을 다듬고, 생각의 스펙트럼을 조율하고, 소중한 마음을 잘 담아줄 출판사를 찾기까지 생각보다 오랜 시간이 걸렸습니다. 그렇기에 더욱 귀한 한 권의 책이라고 생각합니다.

이 책에는 믿음의 선배 마르틴 루터의 발자취와 더불어 독일 선교사들의 동역과 연대가 담겨 있습니다. 각자 섬기고 있는 현장의 손길과 발길, 숨소리가 스며있습니다. 루터 종교개혁 500주년의 요란함이 또 하나의 연례행사로 잊혀져가는 듯한 현실을 안타까워하는 마음이 여기 있습니다.

책을 내기로 뜻을 모으고 실행에 옮겨 원고를 집필하는 일, 대담을 나누고 편집하는 일, 이 모든 과정들은 우리 스스로를 한번 더 돌아보며 사명을 재확인하는 시간이었습니다. 때때로 들려오는 조국 교회의 소식은 우리의 어깨를 더욱 무겁게 하였습니다. 루터의 땅에서 우리는 무엇을 어떻게 해야 하나 간절히 기도의 손을 모았습니다. 우리의 수고가 조국 교회와 여러 디아스포라 교회의 건강하고 아름다운 미래를 위해 선한 자극이 되었으면 합니다. 이 책은 이런 마음들의 결과물입니다. 또한 조국 교회 안에서 개혁지이자 선교지인 유럽에 대한 관심과 애정이 더욱 깊어지기를 소망하며 독일 선교사들이 한마음으로 이 책을 내놓습니다.

2024년 10월 31일

책임편집 손교훈
편집위원 김만종 석인덕 어유성
오강일 전영광 허승우

여명은 그렇게 시작되고 있었다

2017년 10월 독일 동부 작센안할트(Sachen-Anhalt) 주의 도시 비텐베르크는 500주년을 맞은 종교개혁 기념제로 뜨겁게 달아올랐다.

> "진리를 향한 사랑과 그 진리를 밝히고자 하는 열정으로 다음과 같은 논제들은 문학 석사인 마르틴 루터에 의하여 비텐베르크에서 공개적으로 논의될 것이다."

이렇게 시작되는 루터의 95개 조항의 문서가 1517년 10월 31일(오늘날 우리가 사용하는 그레고리력으로는 11월 10일로 추정된다.) 많은 사람들이 모이는 만성절날 비텐베르크 성교회의 북쪽 문에 내걸렸다. 종교개혁의 원년으로 불리는 1517년 10월 31일의 이 사건이 당시 부패로 만연한 교회의 정화와 개혁을 넘어 유럽과 더 나가서는 전 세계적 사건이 되리라고 루터 자신은 상상도 하지 못했을 것이다. 하지만 루터에 의해 시작된 종교개혁은 하루 아침에 천지가 개벽하듯 우발적으로 일어난 것이 아니라 오랫동안 준비되고 무르익어 일어난 사건이었다. 마치 기름이 흥건한 마루 바닥에 95개 조항의 부싯돌이 부딪쳐 스파크를 일으켰고, 그 불길이 일파만파로 커지고 들불처럼 번져 세계적인 사건이 된 것처럼 말이다. 그에 의해 촉발된 종교개혁은 단지 교회 내의 정화나 개혁과 연관된 종교적 영역의 변화에 국한된 것만이 아니었다. 이는 당시의 정치, 사회와 문화 등의 다양한 요인들이 복합적으로 작용해 일어난 필연적 사건이었고, 이로 인해 교회뿐만 아니라 사회 전반에 걸쳐 크나큰 변화의 파장을 일으킨 사건이었다. 다시 말하면 매우 복잡하고 다양한 시대적 변화의 에너지가 축적되었다가 종교 영역에서 분출되어 유럽의 문화와 사회, 국가를 변화시키는 도화선이 된 것이다.

독일에서 수년에서 수십 년, 목사로, 선교사로, 신학을 공부하는 학생으로 함께하던 예장 통합의 목사 30여 명이 루터의 발자취를 따라 시간을 거슬러 500년 전의 땅을 밟았다. 함께 걷고 보고 살피고 느끼며 토론한 결과가 이것이다. 이 여행에 초대하기 앞서 세계사적 사건이 된 종교개혁의 여명이 밝아 오기까지 준비된 시간들을 먼저 정치적, 사회 문화적 그리고 교회적 입장에서 간략하게 살펴보고자 한다.

정치적 배경

루터의 95개 논제로 시작된 독일 종교개혁은 단순히 부정과 부패로부터 교회를 개혁하고자 했던 하나의 시도로 끝나지 않고 교회의 영향력이 사회를 지배하던 중세가 막을 내리고 근대사회로 들어오는 가교 역할을 했으며 서구 근대의 민족주의가 뿌리내리는 토양이 되었다.

14세기 교회의 아비뇽 유수 사건은 교황의 권위와 황제의 위상을 재고하도록 하였다. 교황의 권위를 대표하는 로마 교황청의 영향력이 감소되며 신성로마제국 아래 각 지역의 영주와 그곳에 살던 주민들은 로마의 단일한 종교적 영향권을 탈피해 각자의 민족적 자의식을 가지게 된다. 이로 인해 근대 민족국가의 근간을 이루는 민족주의 의식이 태동하게 된다. 독일에서 종교개혁의 불길이 타오를 수 있었던 것은 민족적 자의식이 싹트며 그로 인해 독일인이 로마로부터 느꼈던 세금에 대한 부당함이 한몫을 하게 된다. 로마의 성당을 짓는데 왜 독일의 교인들이 세금을 내야 하느냐는 불만이 영주들과 독일인의 밑바탕에 깔려 있다. 종교개혁은 독일에 사는 사람들에게 그들의 민족의식을 각성시키고 나아가서는 '독일'이라는 민족국가를 형성하게 하는 동력으로 작용하게 된다. 또한 민족 단위 국가의 태동은 당시까지 로마 교황청의 전제주의적 질서로 유지되던 서유럽의 교회들이 각각의 민족적 색채가 담긴 교회의 모습을 형성하며 후일 독일의 루터교회, 스위스와 네덜란드의 개혁교회, 스코틀랜드의 장로교회, 영국의 성공회 등으로 분리되는 결과를 낳게 된다.

　또한 종교개혁의 직접적인 원인으로 작용한 것이나 그것에 영향을 준 것은 아니더라도 십자군 전쟁 이후 동쪽에서 세력을 확장하는 이슬람의 세력도 정치적으로는 무시할 수 없는 위험 요소였다. 오스만 제국의 술탄 메흐메트 2세에 의해 동로마제국의 수도였던 콘스탄티노플의 멸망(1453년)을 경험한 서유럽의 기독교와 신성로마제국의 통치자들에게 이슬람 세력은 대단히 위협적인 것이었다. 오스만 제국의 힘과 그들이 눈을 서쪽으로 돌려 세력을 확장하는 것에 신경을 쓰느라 로마 교황청은 루터라는 변방의 북소리에 반응할 여력이 없었다.

사회, 문화적 배경

15세기 후반부터 전개된 신항로 개척은 지리상의 새로운 발견을 가져왔으며 무역로를 다양화하고 동서 문화의 활발한 교류를 통해 상업과 무역을 활성화시켜 농업 이외의 다른 일에 종사하는 인구가 증가하는 계기가 되었다. 이로 인하여 부를 축적하는 사람이 생겨나고 도시가 발달하게 되었다. 이와는 정반대로 14세기 유럽을 휩쓴 흑사병으로 급격히 감소했던 인구는 점차 증가되었지만 농업 생산성은 뒤처져 많은 사람들이 극빈자로 전락하여 먹고 살길을 찾아 도시로 몰려들게 되었다. 이와 같은 현상은 봉건사회의 붕괴와 더불어 기존의 신분구조를 허물고 새로운 사회적 세력과 계층들을 형성하는 계기가 되었다. 이러한 사회 구조의 변화는 불안과 불만의 요소로 작용하여 사회 전반의 변화와 개혁에 대한 필요를 느끼게 하였다.

또한 14세기 이탈리아에서 시작되었던 르네상스-인문주의는 지리상의 발견과 이를 통한 상업과 무역의 발달을 통해 알프스를 넘어 전 유럽에 퍼지며 더욱 번창하게 되었고, 다양한 사고와 의식으로 표출되었다. 이는 중세의 가톨릭교회 중심의 보편적인 질서가 깨지면서 옛 질서를 대치할 새로운 사회적 제도와 사상에 대한 필요에서 나온 결과였다. 신이 아닌 인간에 대해 관심을 가지고 고대 그리스와 로마의 문헌과 철학으로부터 인간의 본질을 찾고자 하는 르네상스-인문주의는 기존의 낡은 가톨릭교회의 틀을 깨고 새로운 개혁을 통해 제도와 질서를 변화시키려는 종교개혁의 열망에 적지 않은 양분을 공급해 주었다.

종교개혁의 배경 가운데 주목해야 할 또 하나의 요소는 인쇄술의 발달이다. 요하네스 구텐베르크에 의해 스트라스부르크에서 발명된 금속 활자는 종교개혁이 성공하는 데 공헌한 하나의 숨은 공신이다. 루터가 번역했던 독일어 성경, 그리고 그가 로마의 교황청에 맞서 저술했던 많은 글들은 이 금속 인쇄술의 발달로 말미암아 대량 생산되고 사람들에게 배포되어 읽히며 많은 관심과 열띤 토론을 불러일으키게 했다. 루터는 이렇게 말했다고 한다: "인쇄는 (하나님의) 가장 고귀하고 소중한 은총의 선물이다." 처음 금속 인쇄술이 발명되어 면죄부를 찍어내던 그 인쇄소들이 루터의 성경과 저작들을 퍼트린 것을 생각하면 참 아이러니하다.

교회적 배경

루터의 종교개혁 이전에도 교회 내에서의 개혁적 시도는 여러 사람들에 의하여 시도되었다. 페트루스 발데즈(리옹), 존 위클리프(옥스포드), 얀 후스(프라하)가 그 주역이다. 이들의 공통점은 교회개혁의 토대를 교황의 권위나 교회의 제도적 전통에서가 아니라 성경으로부터 찾고자 하는 시도에서 출발한 것이다. 비록 성공하지 못한 개혁이라는 소리를 듣지만 이들의 주장은 머지않아 뒤를 잇는 종교개혁가들에 의해 주목을 받게 된다. 이들의 출발은 기독교 르네상스-인문주의자들과 맥을 같이 한다. '근원으로 돌아가자'(ad fontes)를 모토로 유럽 전역으로 퍼진 르네상스-인문주의는 종교개혁 당시 교회 내에도 적지 않은 변화와 영향을 끼친다. 오늘날 '인문주의' 하면 일반적으로 신과 연관된 것에 대척점에 서 있는 세속주의적인 의미로 사용되지만 종교개혁 당시의 인문주의는 그리스와 로마의 고대로 돌아가는 것을 의미했다. 이 르네상스-인문주의가 종교개혁의 영역에 영향을 끼친 것은 성경과 초대교회 교부들의 저서로 눈을 돌린 것이다. 기독교적 휴머니즘으로 대변되는 네덜란드 에라스무스의 『우신예찬』, 초대교회 교부의 작품에 관심을 가졌던 성서적 인문주의자였던 프랑스 르페브르(Jacque LeFevre d'Etaples, 1450-1537)가 그 좋은 예이다. 이러한 기독교 내의 르네상스-인문주의자들의 활발한 활동을 가능하게 했던 것은 동방교회의 중심이었던 콘스탄티노플의 멸망과 계속되는 오스만 제국의 침략에 위협을 느낀 신학자들이 초기 기독교의 헬라어 문헌들을 상대적으로 안전한 지역인 서방교회로 옮겨 오면서 이를 통해 기독교 초기 교부들의 사상을 재발견하는 계기가 마련되었기 때문이다.

종교개혁의 교회적 배경으로 부끄럽게도 교회의 역사 앞에서 직면하게 된 당시 교회와 성직자의 타락을 빼놓을 수 없다. 특별히 교황청의 부패와 성직자의 성적, 도덕적 타락은 도를 넘어 심각한 수준이었다. 1차(1123), 2차(1139) 라테란 공의회(Lateran council)를 통해 확정된 성직자 독신주의는 지켜지지 않았고 교황들은 교황으로 선출되기 전에 사생아를 낳는 일이 흔했다. 또한 율리오 2세(Iulius PP. II)에 의해 1505년 신축되는 베드로 대성당의 재정을 충당하기 위해 교회는 더 많은 면죄부를 판매하며 성직을 매매하였고 그 뒤를 이은 레오 10세의 사치는 극에 달했다. 콘스탄츠 공의회(1414-1418)와 바젤 공의회(1431-1449)를 통해 교황의 절대주의에 대한 우려와 반성의 목소리가 나왔음에도 불구하고 교황의 권력과 사치는 줄어들지 않고 있었다. 더불어 사제들의 성적 타락은 교회 내에 만연해 있었으며 성직 매매는 빈번하였다. 연로해 죽음을 앞둔 고위 성직자의 자리는 고가에 매매되었고 심지어 7살짜리 아이가 교구를 물려 받는 일도 있었다. 매매를 통해 임명된 사제들 가운데는 성경에 대한 지식도 없고 라틴어를 제대로 이해하지 못하거나 심지어는 주기도문을 제대로 외우지 못하는 이도 있었다고 한다.

끝으로 개인의 신앙에 영향을 미친 종교개혁적 배경을 살펴보자면 전통적 교회의 개념에 대한 새로운 이해와 또 그 교회를 통해 개인이 경험하게 될 신앙에 대한 다양한 스펙트럼의 출현을 들 수 있다. 보편논쟁의 중심에서 중세교회를 이끌었던 토마스 아퀴나스의 실재론이 자리를 잃어가며, 후기 스콜라주의를 대표하는 윌리엄 오캄을 통해 주장된 유명론은 중세 교회의 사상적 기초를 뿌리째 흔들어 놓는다. 이는 결과적으로 중세를 떠받치던 교회에 대한 개념의 내적 약화를 가져왔고, 점진적으로 교회는 정치나 다른 영역에서 분리되는 수순을 밟게 된다. 이로 인하여 교회는 자신의 위치를 자리매김할 새로운 개념을 찾아야만 했다. 이러한 시도 가운데 하나가 신비주의 운동으로 나타났다. 자신의 체험을 통한 하나님과 신앙에 대한 직접적인 경험을 강조했던 신비주의 운동은 종교개혁적 다양한 사고가 성장할 수 있는 풍토를 조성하게 되었다. 하지만 후에는 종교개혁가들이 교회 내의 질서와 참된 교회의 징표로 여기게 되는 세례와 성찬 즉, 성례전의 정형화된 교회제도와 갈등을 겪게 된다. 또 다른 측면에서는 신앙의 내적 경험과 행위를 강조했던 것은 신비주의와 맥을 같이 하지만 이것을 기독교인의 생활과 실천의 영역에 초점을 맞추어 나갔던 경건주의가 태동하는 계기가 이 시기에 마련되었으며 이 경건주의는 17세기에 꽃을 피우게 된다.

1부

루터의
종교개혁

Part 1
시간과 장소를 따라

아이스레벤(Eisleben),
루터의 시작과 끝

    종교개혁은 한 시대에 이루어진 것이 아니었다. 한 사람이 깃발을 들자 갑작스레 시작된 것도 아니었다. 교회가 타락해 갈수록 개혁에 대한 열망은 타올랐다. 누군가는 씨를 뿌렸다. 뿌려진 씨앗들은 지역적 환경에 따라 어떤 것은 말랐고 어떤 것은 싹을 틔웠다. 중세 말 교회는 죽어가는 듯 보였지만 새로운 생명을 향한 호흡을 멈추지 않고 있었다. 하나님은 그 개혁의 길을 위해 많은 사람을 사용하셨고, 그 역사에 불을 붙이기 위해 또 한 사람을 준비시키셨다. 종교개혁이 한 사람의 전유물이 되어서는 안 되지만 그 한 사람을 말하지 않고는 종교개혁에 대해 말할 수 없다. 루터는 이미 뿌려진 시대의 꽃이었고 새롭게 세워질 교회를 위한 도구였다. 하나님은 루터(Martin Luther)를 통해 이미 유럽 곳곳에 흐르고 있던 종교개혁의 역사에 불을 붙이셨다.

아이스레벤(Eisleben)은 루터의 탄생과 죽음의 현장이다. 루터는 아이스레벤에서 태어나 삶을 시작했고 아이스레벤에서 삶을 마쳤다. 그가 아이스레벤에 머물렀던 시간은 짧았지만 아이스레벤에는 그의 모든 삶이 녹아 있다. 한 인간의 삶과 죽음의 현장보다 그 사람을 더 잘 이해할 수 있는 곳은 없기 때문이다.

아이스레벤은 루터의 죽음 이후 그의 동역자들이 모여들기 전까지는 아주 조용한 작은 시골 마을이었다. 아이스레벤에서 시작한 장례 행렬이 비텐베르크(Wittenberg)로 이어지며 조용한 시골 마을은 중세 기독교 역사의 일부로 기록되었다. 루터가 처음 들숨으로 삶을 시작하고 마지막 날숨으로 세상을 떠났던 곳, 그곳에서 하나님은 일하셨다. 하나님께서는 그의 삶과 죽음 사이에 놀라운 역사의 한 페이지를 그려 넣으셨다. 그 영향력은 500년이 지난 지금도 미치고 있고 교회가 존재하는 모든 역사에 기억될 것이다. 그가 아이스레벤에 머문 시간은 짧았지만 아이스레벤은 종교개혁 역사의 중심에 자리잡고 있으며, 수많은 기록들이 존재하고 있다. 그 숨을 함께 쉬듯 아이스레벤에서의 루터를 만나보자.

개혁자의 탄생

루터의 출생은 아주 평범했다. 1483년 11월 10일 농부였던 아버지 한스 루더(Hans Luder)와 지역 명문가의 후손이었던 어머니 마가레테 린데만(Margarete Lindemann) 사이에서 둘째 아들로 태어났다. 루터의 아버지 한스 루더는 농부로 태어났지만 신분상승에 대한 욕구를 가지고

루터가 태어난 집

있던 사람이었다. 가난한 소농이었던 한스 루더가 명문가의 여인이었던 마가레테 린데만과 결혼했던 것도 그의 신분상승 욕구를 잘 보여준다.

11월 10일 태어난 루터는 당시의 관습을 따라 다음 날인 11월 11일에 가장 가까운 교회인 성 베드로-바울교회(St. Petri-Pauli-Kirche)에서 세례를 받았다. 그날이 '성 마르틴'(St. Martin)의 축일이었기 때문에 '마르틴'(Martin)을 세례명으로 받았고 그것이 자연스레 루터의 이름이 되었다.

성 베드로–바울교회

　원래 루터의 성은 '루더'(Luder)였다. 그런 그가 후에 루터(Luther)로 불리게 된다. 루더(Luder)는 사냥꾼이라는 뜻을 가진 고대 독일어이고 루터(Luther)는 자유자란 뜻을 가지고 있다. 언제부터 루터로 불리게 되었는지는 정확히 알 수 없지만 아마도 종교개혁 이후 어느 때인가부터 복음으로 자유케 되었다는 의미로 이름을 바꾸어 부르게 된 것이 아닌가 추측된다. 아버지의 성을 따르던 시대에 우리가 그를 루터로 부르는 데에는 이런 이유가 있다.

　루터는 아이스레벤에서 태어나서 그의 아버지 한스 루더가 광산의 노동자로 일하기 위해 북쪽으로 15km 정도 떨어진 만스펠트(Mansfeld)로 이사하기까지 약 4개월 동안 아이스레벤에 머물렀다. 만스펠트로 이주한 한스 루더는 처음에는 광산 노동자였지만 몇 년 후에는 광산의 지분을 가진 자영 관리인이 되어 신흥부유층으로 자리잡았다. 이런 아버지의 신분상승 욕구는 루터의 성장과 교육에도 영향을 미쳐 루터가 좋은 교육을 받는 환경을 만드는 계기가 되었다.

루터에게 아이스레벤은 어떤 의미였을까? 생가 전시관에는 루터가 다시 돌아와 남긴 말이 기록되어 있다. "내 존재는 여기에서 시작된다."(Von daher bin ich) 하나님께서 한 시대를 사용하셨던 개혁자의 숨결이 시작된 곳에서 함께 호흡하며 그가 남긴 흔적을 따라 발을 떼기에 아이스레벤은 충분히 아름답고 가슴 뛰는 곳이다.

그리고 죽음

1483년 태어나서 1546년 사망에 이를 때까지 루터의 종교개혁 역사는 수많은 이야기와 자료로 넘쳐난다. 종교개혁을 시작해서 거의 대부분의 시간을 비텐베르크에서 보낸 루터가 죽기 한 달 전 다시 아이스레벤으로 돌아와 죽음을 맞이했다는 것은 루터에게 아이스레벤이 얼마나 의미 있는 곳인가를 알 수 있다.

루터는 종교개혁의 중심에서 모든 비바람의 거센 도전을 묵묵히 견디어 냈다. 그가 가는 곳은 도처에 죽음의 그림자가 있었고 어디서든 거센 반발과 위협에 부딪혔다. 그는 수많은 토론을 했고 일생 동안 넘치게 글을 썼으며 저항하고 맞서 싸우기 위해 먼 길을 여행했다. 많은 동역자가 있었지만 그만큼의 결별을 겪었다. 많은 사람들을 돌보았고 필요하다고 생각되는 모든 곳에서 설교했다. 전염병의 위험에서 사투를 벌였다. 타락한 교회와 맞서던 30년 동안 루터의 건강은 이미 회복 불가능한 상태가 되었다. 1546년 루터는 이미 만성질병으로 자신의 죽음을 어느 정도 예견하고 있었다.

건강이 많이 상한 상태임에도 불구하고 루터는 자신의 고향으로 가는 여행길에 올랐다. 재산 다툼을 벌이던 만스펠트 영주 형제들의 중재를 그의 마지막 공적인 일로 여겼음이 틀림없다. 아이스레벤으로 돌아와 영주가 제공한 집에 머물면서 중재를 마친 루터는 좋지 않은 건강에

루터가 사망한 침대

도 불구하고 교회의 설교단에 섰다. 그가 아이스레벤으로 돌아와 네 번의 설교를 했던 성 안드레아스교회(St. Andreaskirche)는 한 시대를 폭풍처럼 살아왔던 개혁자의 마지막 외침의 현장이 되었다. 그가 쏟아낸 네 편의 설교는 자신의 시대를 마무리하는 한 개혁자의 절절한 자기고백이었고 그 땅에 남은 동지들을 향한 연민과 격려였다. 네 번째 설교를 하다 쓰러진 루터는 4일 만인 1546년 2월 18일 심장마비로 죽음을 맞이한다. 예수님 이후 교회 역사에서 가장 큰 폭풍의 중심에 있었던 루터는 그렇게 마지막 숨을 쉬고 자신의 시간을 마무리했다.

여러 가지 이유로 갈라졌던 종교개혁자들의 다툼은 루터의 죽음으로 잠시 멈추었다. 그들은 모두 아이스레벤으로 모여들었고 루터의 시신을 메고 비텐베르크로 가는 길을 함께 걸었다. 그들이 걷는 길에서 하나님은 개혁신앙의 자유를 예비하고 계셨다.

루터는 마지막까지 글쓰기를 멈추지 않았고 마지막까지 설교하기를 멈추지 않았다. 루터는 죽는 순간까지 하나님의 은혜를 기억했다. 루터가 죽고 난 후 그의 책상 위에는 유언과 같은 마지막 글이 남겨져 있다. "우리는 거렁뱅이입니다. 이것은 진실입니다. 하지만 예수 그리스도를 통하여 모든 것이 부유하게 되었습니다." 그의 모든 삶이 이 글에 녹아 있는 것은 아닐까.

그는 죄의 문제에 고통스러워했으나 깊은 고통 속에서 예수 그리스도의 십자가를 발견했다. 오직 십자가의 은혜만이 구원의 길임을 발견하고 외쳤던 그에게 예수는 유일한 삶의 디딤돌이고 반석이며 요새였다. 숨 쉬는 모든 시간이 하나님께 저당 잡힌 시간이라고 고백했던, 시대의 개혁자 루터는 여전히 우리의 기억 속에서 그대로 숨 쉬고 있다.

아이스레벤 돌아보기

아이스레벤 안내표지를 따라 중앙도로로 들어서면 왼쪽으로 루터가 태어난 생가(Luthers Geburtshaus)를 만날 수 있다. 루터의 생가는 평범한 중세 전통 가옥(Fachwerkhaus)이었다. 1689년 도시 화재로 인해 소실되었던 것을 시에서 다시 구입하여 루터 박물관으로 사용하고 있다. 1996년에 유네스코 세계문화유산에 등재되었고 2005-2007년에 지금의 모습으로 재탄생했다. 루터와 종교개혁자들의 모습, 광산노동자의 삶, 그리고 루터의 종교개혁에 대한 역사를 상설 전시 중이다. 1층에는 루터가 생활할 당시의 중세 물건들이 고증을 거쳐 잘 복원되어 전시 중이며, 가장 의미 있는 것으로는 1518년에 만들어진 세례반이 있다.

루터의 생가 뒤 민가 쪽으로 100m를 걸어 들어가면 루터가 세례를 받았던 성 베드로-바울교회(St. Petri-Pauli-Kirche)를 볼 수 있다. 13세기 말에 아주 작은 후기 고딕 양식으로 지어진 이 교회는 15세기에 증축을 거쳐 현재와 같은 모습을 갖추게 되었다. 지금은 루터가 세례 받은 교회임을 알리기 위해 만든 현대식 세례탕이 방문객의 눈길을 끈다. 뒤편으로 자리를 옮기면 루터가 세례 받은 장소로 알려진 작은 예배당이 있고 옛 제단과 중세시대의 세례반 등을 볼 수 있다.

구시가의 중심인 마르크트(Markt) 광장으로 약 5분 정도를 걸으면 루터기념동상(Lutherdenkmal)이 보인다. 청동으로 만들어진 루터의 기념동상은 1883년에 세워졌다. 왼손에는 성경을, 오른손에는 교황의 파문 문서를 들고 있고 동상의 네 면에는 바르트부르크(Wartburg) 성에서의 성경 번역, 가톨릭 신학자 요하네스 에크(Johannes Eck)와의 토론, 선의 승리와 악의 패배 등의 조각들이 새겨져 있다.

광장에서 언덕 위로 살짝 고개를 들면 100여 미터 떨어진 곳에 성 안드레아스교회(St. Andreaskirche)가 있다. 1180년에 처음 만들어져, 15세기에 지금의 모습을 갖추게 된 성 안드레아스교회는 후기 고딕양식으로 지어졌다. 루터가 죽기 전 마지막 설교를 했던 교회이다. 1546년 2월 14일 이 교회에서 마지막 설교를 하다 쓰러진 루터는 결국 죽음을 맞이하게 된다. 루터가 설교하던 설교단이 인상 깊다.

오른쪽으로 고개를 돌리면 루터가 사망한 집(Luthers Sterbehaus)이다. 루터가 사망한 방은 길 쪽으로 난 3층의 큰 방이다. 이 집은 1865-1868년에 대대적인 수리 공사를 거쳐 루터 박물관으로 만들었고, 루터의 마지막 시간을 잘 전시해 두고 있다. 루터가 사망한 방에는 루터 시대의 관이 놓여 있고 잔뜩 부어 있는 그의 데스마스크(Luther's Totenmaske)는 병마와 싸웠던 그가 마지막 시간에 겪었던 고통을 알려주고 있다. 그곳에서 보는 그의 죽음은 때로는 무겁고 때로는 아름답다.

필자 소개

김만종 목사는 1994년 독일로 넘어와 마부르크 대학에서 공
부했으며, 2011년부터 프랑크푸르트우리교회를 섬기고 있다.
건강한 교회, 선교적 교회를 세우기 위해 마을을 섬기고, 하나
의 큰 교회보다 여러 개의 작은 교회를 꿈꾸며 분립개척을 하
고 있다. 하나님께서 허락하시면 시골에서 책 읽고 글 쓰며 살
기를 소망한다.

아이제나흐(Eisenach),
루터가 사랑한 도시

어린 시절의 루터

만스펠트에서 유년기를 보낸 루터는 아버지의 바람에 따라 잠시 막데부르크(Magdeburg)를 거쳐 1498년에 아이제나흐에서 학업을 이어간다. 훗날 루터가 "내가 사랑하는 도시"(Meine liebe Stadt)라고 말했던 아이제나흐는 북쪽으로 넓은 튀링엔(Thüringen) 숲이 접해 있는 아름다운 도시이다. 튀링엔 영주에 의해 1067년부터 건축이 시작된 이래 아이제나흐의 상징이 된 바르트부르크(Wartburg)성은 문화적 유산으로서 그 위용을 자랑한다. 하지만 루터 당시의 아이제나흐는 14세기 지역을 다스리던 베틴 가문의 전쟁(Wettinischen Hauskriegen)에서 패배한 쪽에 잘못 가담했다가 이전까지 작센 지방에서 누리던 특권적인 지위를 상실하고 쇠락해가는 도시였다. 하지만 여전히 "진정한 영적 도시"라는 찬사를 들을 만한 도시이기도 했다. 많은 교회와 수도원, 그리고 교회기관들이 소장하던 책들은 아이제나흐의 자랑이었고 그런 도시의 분위기는 어린 루터에게 지대한 영향을 끼치게 되었다.

아이제나흐는 어머니 마가레테 린데만(Margarete Lindemann)의 고향이기도 했다. 그의 어머니는 아이제나흐 명망가의 자손이었고 루터의 외가 친척들이 의사와 학자 그리고 행정관료와 법률가로 살고 있었다.

아이제나흐에 도착한 루터는 얼마 지나지 않아 어머니의 친척이자 당시 그 도시의 존경받는 시장으로 있던 하인리히 샬베(Heinrich Schalbe)

코타 부인 앞에서 노래하는 루터(F. W. Pauwels, 1872년 작)

의 딸인 우르줄라 코타(Ursula Cotta)의 집에 기숙했다. 전해오는 이야기에 따르면 우르줄라 코타는 소년 루터의 아름다운 목소리에 감동을 받아 그를 자기 집에 받아들였다고 하며, 훗날 루터가 "소년시절에 받은 코타 부인의 사랑보다 이 땅에서 더 소중한 것이 없었다"라고 술회할 정도로 그녀의 모성애적 돌봄 가운데 성장하게 된다.

당시 코타 가족은 집에서도 프란체스코 수도회의 규칙(Franziska-nische Ordensregel)을 따라 경건생활을 했는데, 이러한 분위기는 소년 루터의 영성에 지대한 영향을 미치게 된다. 훗날 신부가 된 루터가 1507년 처음으로 미사를 집전할 때 코타 가족을 초대한 것은 너무도 당연했다.

아이제나흐에서의 첫 학교인 성 게오르크 학교(St. Georgenschule)에서의 학창시절에 대해서 자세하게 알려진 것은 없다. 루터 자신의 회상만 단편적으로 남아 있는데, 거기서 그가 처음 읽은 책은 15세기 이탈리아 시인이자 인문주의자였던 밥티스타 만투아누스(Baptista Mantuanus)의 시였다고 술회한다. 비교적 덜 알려진 학교 생활과는 반대로 루터는 이곳에서 자신의 삶에 영향을 끼친 여러 사람을 만나게 된다. 지도 교사였던 비간트 귈덴아프(Wigand Güldenapf)와는 지속적인 관계를 맺었다. 아이제나흐 대성당의 부제였던 요하네스 브라운(Johannes Braun)은 루터를 비롯해 성 게오르크 학교에 다니던 학생들을 집으로 초대해 책들을 읽어주곤 했는데, 루터는 그로부터 시와 음악을 배웠다. 브라운 또한 루터의 첫 번째 미사에 초대될 정도로 그 친분은 오래 이어졌다.

바르트부르크 성에서의 루터

1501년 대학 진학을 위해 에어푸르트로 떠날 때까지 소년 루터의 지성과 영성의 성장에 자양분을 공급해 준 어머니의 도시 아이제나흐는 그로부터 20년이 지나 어느덧 장년이 된 루터의 삶에 중대한 전환점을 제공한다.

1517년 시작된 루터의 종교개혁은 이미 독일과 유럽 곳곳에서 영향력을 발휘하기 시작했다. 신성로마제국의 황제 카를 5세(Karl V)는 종교개혁의 기치를 올린 루터의 주장을 심의하기 위해 1521년 보름스에서 제국의회(Reichstag zu Worms)를 소집하고 루터를 소환했다. 보름스의 제국의회에서 자신의 신학적 주장을 꺾지 않은 루터는 생명의 위협을

바르트부르크 성

느끼는 가운데 비텐베르크로 돌아가는 길에 오르게 되었다. 그런데 그가 갑자기 사라졌고 한동안 그의 행방을 아는 사람은 없었다. 당시 루터를 지지했던 작센의 선제후 현자 프리드리히 3세(Friedrich III. der Weise von Sachsen)가 위장납치극을 벌여 루터를 아이제나흐의 바르트부르크성으로 피신시켰던 것이다.

그곳에서 루터는 약 10개월 간 은둔생활을 하게 된다. 살을 뺐고 수염을 길렀으며 융커 외르크(Junker Jörg)란 이름의 기사신분으로 철저하게 위장한 채 생활하였다. 하지만 수도사로 살던 루터에게 기사로 위장한 채 살아가는 것은 쉬운 일이 아니었다. 불편한 복장과 승마와 사냥을 비롯한 기사의 생활은 그에게 여러 가지 어려움을 주었다. 그는 육체적 질병과의 싸움뿐 아니라 영적인 싸움을 계속하였다. 지금도 루터의 방에 남아 있는 마귀에 대항하기 위해 뿌린 잉크 자국을 보면 영적 싸움이 어떠했는지도 알 수 있다. 후에 슈팔라틴(Georg Spalatin)에게 보낸 편지에서 "주님께서 나에게 시련을 주셨고 그로 인해 십자가의 남은 고난을 채우고 있다"라고 토로한 것이 그의 상황을 이해하게 한다.

하지만 바르트부르크에서도 루터는 개혁자였다. 신원이 발각될 위험과 심신의 고초에도 불구하고 루터는 서신교환을 쉬지 않았다. 비텐베르크에 남아 있는 동료 카를슈타트(Andreas Bodenstein von Karlstadt)가 수도원개혁과 성직자의 혼인 문제 등에 대해 쓴 논문들에 대해 자기의 견해를 피력했다. 멜란히톤(Philipp Melanchthon)이 보내온 종교개혁의 신학을 최초로 정리한 『신학총론』(*Loci communes rerum theologicarum*)

의 초고도 검토했다. 숨어 있는 동안에도 종교개혁의 불꽃이 사그라지지 않기를 바랐기 때문이다.

그는 바르트부르크에서 종교개혁 역사에 한 획을 긋는 작업에 착수했다. 여전히 라틴어로만 읽히던 성경을 일반 성도들에게 돌려주기 위해 신약성경을 독일어로 번역하기 시작한 것이다. 헬라어를 원본으로 삼아 번역하기 시작한 성경번역은 1521년 10월에 시작하여 11주 만에 완성되었다. 이 번역판은 1522년 9월에 비텐베르크의 크라나흐 인쇄소 (Cranach Druckerei)에서 목판화를 붙인 그림과 함께 출간되었는데, 9월에 출간되어 『9월 성경』(*Septembertestament*)으로 불리게 된다. 대중에게 읽히기 위해 서민들이 사용하던 일상어와 관용어를 기초로 번역된 루터성경은 이전에 다른 나라에서 개혁자들에 의해 번역된 성경들과는

루터가 신약성경을 번역한 방

비교할 수 없이 큰 영향력을 끼치게 되었다. 그 결과 1522년 9월 라이프치히(Leipzig) 도서전에 『9월 성경』이 출판되었을 때에는 초판 3,000부 전부가 매진될만큼 관심의 대상이 되어 있었다. 그리고 루터의 성경 번역은 아직 문법적인 완성도가 낮았던 독일어의 발전에도 큰 영향을 주었다.

요한 세바스찬 바흐

아이제나흐는 음악의 아버지라 불리는 요한 세바스찬 바흐(Johann Sebastian Bach)의 고향으로도 유명하다. 그는 루터가 태어난 후 약 200년 뒤에 아이제나흐에서 출생하였고 루터가 다닌 성 게오르크 학교를 다녔고, 같은 교회(St. Georgenkirche) 합창대에서 노래를 불렀다. 종교개혁 이후 루터는 예배를 새롭게 하고자 노력했는데 그 중심에 코랄(Choral)이라 불리는 찬송가가 있었다. 바흐는 루터가 작곡한 코랄 37곡 중 30곡의 멜로디를 자신의 음악에 사용하였다. 그 가운데 가장 유명한 칸타타는 루터가 1524년에 작곡한 "내 주는 강한 성이요"(BWV 80)이다. 후에 시인 하인리히 하이네(Heinrich Heine)는 그 곡이 종교개혁을 상징한다는 의미로 "종교개혁의 마르세예즈"(Marseillaise der Reformation)라고 불렀다.

아이제나흐 돌아보기

아이제나흐는 구시가의 중심인 마르크트(Markt) 광장부터 돌아 보기 시작하면 된다. 마르크트 광장에 세워진 성 게오르크교회(St. Georgenkirche)는 1182년에 고딕양식으로 세워졌다. 보름스 제국의회에 소환되었던 루터가 비텐베르크로 돌아가는 길에 바르트부르크로 옮겨지기 전 이 교회에서 설교하기도 했다. 교회의 통로에는 "내 주는 강한 성이요"(Ein feste Burg ist unser Gott)라는 찬송가 제목이 음각되어 있다. 마찬가지로 광장에 맞닿아 있는 교회 서쪽을 보면 루터와 바흐가 다녔던 성 게오르크 학교(St. Georgenschule)가 자리잡고 있다. 루터는 1498년부터 1501년까지, 바흐는 1692년부터 1695년까지 이 학교에 다녔다.

남쪽으로 약 150m만 걸으면 아이제나흐에서 가장 오래된 후기 고딕 양식의 목조 건물인 루터하우스(Lutherhaus)를 만날 수 있다. 루터가 기숙했던 코타 가족의 집이다. 루터하우스는 루터가 살던 시대의 다양한 모습과 음악을 즐겼던 루터의 모습 등으로 잘 정리된 박물관이 되었다. 집 밖에는 사과나무 한 그루와 그 앞에 돌판이 놓여 있는데, 그 돌판에는 "내일 지구가 멸망하더라도 한 그루의 사과나무를 심겠다"는 루터의 말이 새겨져 있다. 이 말의 원작자는 스피노자가 아니라 이미 150년 전에 살았던 루터이다.

루터하우스를 나와 남동쪽으로 살짝 가파른 길을 약 3분 가량(약

300m) 걸어가다 보면 바흐하우스(Bachhaus)가 나온다. 건물 앞에는 바흐 탄생 200주년을 기념해 1884년 9월 28일 성 게오르크교회에서 열린 'B단조 미사 연주'(Mass in B minor) 당시 제막했던 입상이 서 있다. 건물 내부로 들어가면 바흐가 사용했던 악기들과 바로크 시대를 엿볼 수 있는 다양한 전시품, 그리고 당시의 가구와 소품들이 그대로 복원되어 있다.

이제 자동차나 버스를 이용하여 아이제나흐를 남서쪽에서 굽어보듯이 솟아 있는 바르트부르크(Wartburg) 성으로 가 보자. 1067년에 로마네스크 양식으로 축조된 이 성은 루터가 1521년 5월부터 이듬해 3월까지 머물며 신약성경을 번역한 곳이다. 성경을 번역하며 마귀와 싸우기 위해 잉크를 뿌렸다는 루터의 방(Lutherstube)과 종교개혁 그림들이 전시된 전시관, 그리고 성 엘리자베스(St. Elisabeth)의 이야기 등 다양한 볼거리와 이야기거리를 만날 수 있다. 성 위에서 내려다보는 튀링엔(Thüringen)의 전경이 무척 아름답다.

필자 소개

공현종 목사는 2002년 초 독일로 와서 괴팅엔 대학과 뮌스터 대학에서 조직신학을 공부했다. 2002년부터 2005년까지 괴팅엔한인교회 공동목사로, 2012년부터 뮌스터한인교회 담임 목사로 섬기고 있다. 2013년부터 총회 파송 독일 선교사로 섬기고 있으며, 가족으로는 아내 김미강 목사가 있다.

에어푸르트(Erfurt), 루터의 영적인 고향

에어푸르트 대학의 루터

에어푸르트는 루터의 정신적 고향이다. 이곳에서 루터는 학문적 기본 소양을 기르는 대학생활을 했다. 그는 17살이 되던 해인 1501년에 에어푸르트 대학에 입학했다. 지금도 에어푸르트시에서 보관 중인 대학 명부에는 "만스펠트 출신 마르틴 루더"(Martinus Luder ex Mansfeld)라고 기입되어 있는데, 이것은 루터의 삶에서 아마도 가장 이른 친필 기록일 것이다. 그의 대학생활은 그의 아버지가 자랑스러워할 만큼 성공적이었다. 하지만 몇 년 뒤 루터는 인생의 전환점을 맞이하게 된다. 21살의 나이에(1505년 7월 17일) 갑작스럽게 아우구스티누스 수도원(Augustinerkloster)에 들어가 수도원생활을 시작하게 된 것이다. 그리고 그는 23살이 되기 전인 1507년 4월 3일에 사제 서품을 받았고 1511년

에어푸르트 대성당과 성 세베리 교회

까지 에어푸르트에 머물렀다.

　당시 에어푸르트는 신성로마제국의 가장 중요한 제국 도시(Reichs-stadt)중 하나였고 상업이 발달한 곳이었다. 90개가 넘는 교회와 36개의 수도원이 있었고, 14-15세기 유럽 교육 혁명의 중심이었다. 에어푸르트 대학은 독일어권에서는 체코의 프라하(1347/8)와 오스트리아의 빈(1363)에 이은 독일 최초의 대학(1379)으로 허가받았고, 1392년에 문을 열었다.

　당시 에어푸르트 대학은 중세 학문의 중심이었던 아리스토텔레스의 신학 방식을 따르는 "옛 길"(via antiqua, "실재론"이라 불림)이 아니라 "새로운 길"(via moderna)이라 불린 윌리엄 오캄(William of Ockham)의 유명론(Nominalism)이 지배하던 시기였다. 어떤 현상을 설명하고 연구하기 위해서는 불필요한 가정들을 잘라내고, 현실과 신성도 잘라내어 각각 다른 영역으로 설명하자는 오캄의 면도날은 근대 철학의 새로운 길을 제시해 주기도 했다. 루터는 오캄의 제자였던 가브리엘 비엘(Gabriel Biel)이 수정한 오캄주의를 배웠고, 그때 이미 인문주의자들과의 접촉이 있었던 것으로 보인다.

루터는 교육열이 높았던 아버지의 계획에 따라 어려서부터 여러 도시에서 공부했고, 법학을 공부하기 바랐던 아버지의 뜻대로 에어푸르트 대학생활을 시작하게 되었다. 그는 부모님의 기대에 부응하며 성실하게 공부했다. 흔쾌히 현악기를 잡아 연주하는 민첩하고 쾌활한 학생이기도 했다. 그는 1502년 가을에 있었던 시험에서 57명 중 30등으로 학사과정을 마쳤지만, 이어서 1505년 1월에는 17명 중 두 번째 좋은 성적으로 석사학위를 취득했다. 학사시절 루터의 동료들은 루터가 논쟁에서 보여준 예리함과 재치 때문에 철학자라는 장난스런 별명을 붙여 주기도 했다. 루터는 자신의 석사 학위 취득에 만족하며 이렇게 말했다. "석사학위를 취득하고 여러 사람들 앞에 섰을 때 얼마나 위엄 있고 영광스러웠는지, … 나는 어떤 시대적, 세상적 기쁨과 비교할 수 없다고 생각했다." 루터의 아버지 또한 이런 아들의 성취에 대단히 자랑스러워했다. 21살의 석사 루터가 1505년 여름학기 중에 고향 만스펠트를 방문했을 때 그의 아버지 한스 루더는 자신의 아들에게 존경의 마음을 담아 '당신'(Sie: 2인칭 존칭)이라는 호칭을 사용했다. 하지만 이 호칭은 루터가 수도사가 되었을 때 다시 '너'(du)로 바뀌었다고 한다.

이렇게 교양학부를 마친 루터는 아버지의 바람에 따라 1505년 5월에 법학공부를 시작했다. 두 달 후에 어떤 일이 일어날지 예상한 사람은 아무도 없었다. 지금까지 아버지 한스 루더의 뜻에 따라 삶을 살아왔던 루터에게 하나님의 놀라운 계획이 기다리고 있었다.

슈토테른하임(Stotternheim): 수도사의 길로

1505년 7월 2일, 이 날 하늘로부터 내린 뇌우가 한 청년의 인생 항로를 바꾸었고, 중세교회를 흔들었고, 세계사를 바꾸었다. 이 날은 루터가 만스펠트에 있는 부모님을 방문하고 에어푸르트로 돌아오는 길이었다. 아마도 부모님과 법학 공부를 계속할 것인지 중단할 것인지를 놓고 다툼이 있었던 것 같다. 루터는 자신의 미래에 대한 불안함을 가진 채 에어푸르트 북쪽 약 10km 지점의 작은 마을 슈토테른하임을 지나는 중이었다. 그곳에서 루터는 자신의 인생을 뒤흔드는 경험을 하게 된다. 뇌우가 떨어지며 루터의 바로 몇 미터 앞에 있는 나무가 순식간에 시커멓게 불타 버린 것이다. 따로 전해지는 바에 의하면, 루터의 몇 발자국 앞서 가던 친구가 벼락에 맞아 죽었다고 한다. 이렇게 눈 앞에서 벌어진 일로 인해 극심한 죽음의 공포를 느낀 루터는 부르짖었다.

"성 안나여, 도와주소서, 내가 수도사가 되겠나이다."
(Hilf, Du Sankt Anna, ich will ein Mönch werden.)

루터는 후에 동료 교수나 제자들을 집으로 불러 탁상에 둘러 앉아 이

슈토테른하임 루터기념비(벼락이 떨어진 장소)

런저런 이야기를 나누기를 즐겨했는데, 슈토테른하임에서의 외침도 『탁상담화』를 통해 알려졌다. 중세의 미신적 신앙에 따라 광부들의 수호신인 성 안나에게 비명처럼 내지른 이 말은 단순한 두려움이 아니었다. 루터는 생명의 위협을 느낄 만큼 두려웠던 그 낙뢰의 경험 자체가 아니라, 그 경험으로 인해 이전부터 고민하던 죄와 구원의 문제를 마주하게 되었다. 그는 죄에 대한 근본적인 질문을 품은 채 수도사로서의 삶을 시작했다. 슈토테른하임에 세워진 기념비에는 "성스러운 땅. 종교개혁의 전환점. 하늘로부터 온 섬광 가운데 젊은 루터에게 이곳에서 길이 지시되었다"라는 글귀가 새겨져 있다.

아우구스티누스 수도원의 루터

1505년 7월 17일 아버지의 반대에도 불구하고 부모를 피해서 도망치듯 루터는 에어푸르트의 아우구스티누스 수도원(Augustinerkloster)에 입회하였다. 낙뢰를 경험한지 14일이 지난 시간이었다. 루터는 수도원에 들어가기 하루 전인 7월 16일에 친구들을 초청해서 작은 축제를 열고 입회 소식을 알렸다. "오늘 너희들이 나를 보지만 다시는 못 볼 것이다." 그의 결정은 확고했다. 후에 루터는 이렇게 말했다. "나는 세상에 대해 죽었다."(Ich war der Welt rein abgestorben.)

루터가 아우구스티누스 수도회를 선택한 이유는 아마도 에어푸르트

아우구스티누스 수도원

대학에서 배웠던 학문적, 철학적 방법과 수도회의 방향이 유사했기 때문일 것이다. 또 다른 이유로는 아우구스티누스 수도회가 다른 수도회보다 엄격한 규율을 가지고 있었기 때문이다. 실제로 루터는 누구보다 수도자의 삶에 열심이었고, 스스로 고백하듯 흠잡을 데 없는 수도사였다. 그는 스스로 수도원을 떠난다는 생각을 한 번도 해 본 일이 없었다. 15년이 넘는 엄격한 금욕적 수도생활은 루터의 건강에도 해를 끼쳤다. 루터는 오랫동안 담석증으로 고생했고 협심증으로 죽었다. 루터가 선택한 극심한 고행의 삶은 죄의 문제를 해결하기 위한 노력이기도 했다. 하지만 루터는 그러한 고행을 통해서도 죄와 구원의 문제에서 자유함을 얻지 못했다.

루터는 자신의 영적인 스승이자 아우구스티누스 수도회 종단 부총장으로 있던 요한 폰 슈타우피츠(Johann von Staupitz)와의 만남을 통해 새로운 변화를 맞게 된다. 두 사람은 1506년 4월 에어푸르트에서 첫 만남을 가졌다.

루터의 고해성사 신부였던 슈타우피츠는 루터가 사제 서품을 받고 신학을 공부하도록 도와주었다. 무엇보다, 슈타우피츠는 루터에게 참 구원자이신 예수를 알게 하고 그리스도에게 몰두하게 만들었다. '오직 그리스도로'(Solus Christus)라는 종교개혁의 모토는 이 만남에서 시작된다. 루터는 스승에게 항상 감사해 했고 존경을 거두지 않았다. 하나님은 이러한 예비된 만남을 통해 종교개혁자 루터를 준비시키신 것이다.

슈토테른하임, 에어푸르트 돌아보기

에어푸르트 중심에서 북쪽으로 약 10km 떨어진 작은 마을 슈토테른하임(Stotternheim)에는 루터가 낙뢰를 경험한 장소에 루터기념비(Lutherstein)가 세워져 있다. 기념비에 쓰여진 "성 안나여, 나를 도우소서. 내가 수도사가 되겠나이다"라는 두 마디의 외침과 함께 루터의 삶이 바뀌었다.

이제 에어푸르트 중심으로 들어가보자. 가장 찾기 쉬운 에어푸르트 대성당(Erfurter Dom)에서 시작하면 좋다. 1,200년의 역사를 가진 대성당 안의 스테인드글라스는 현존하는 중세 스테인드글라스 중 가장 큰 규모로 유명하다. 이곳에서 루터가 사제서품을 받았다. 성당을 나오면 보이는 맞은편의 성 세베리 교회(St. Severikirche)와의 조화는 또다른 볼거리이다. 돔계단(Domstufen)의 중간 어디쯤에 앉아 바라보는 구시가지의 정취가 아름답다.

대성당에서 내려와 돔광장을 지나 길을 건너면 구시가로 접어든다. 에어푸르트 구시가지(Erfurt Altstadt)는 구시가지로서는 독일에서 가장 큰 규모를 자랑하지만 크기보다 중세 전통 가옥의 아름다움에 빠져들게 한다. 다양하게 채색된 건물들과 조각들은 에어푸르트의 속살을 보는 듯하다. 약 500m를 더 걸으면 신고딕 양식의 시청사(Rathaus)를 지나 강 위에 거리를 만든 크레머다리(Krämerbrücke)를 만나게 된다. 원래는 목조 다리가 있던 곳이 1325년 석조 다리로 바뀌자, 그 위에 노점들이 장사를 하기 시작하면서 자연스레 상가가 형성되었다. 후에 집들도 생기면서 중세 형태의 주상복합 건물들이 다리 위에 들어선 것이다.

다리를 건너 왼쪽으로 약 500m를 더 걸으면 아우구스티누스 수도원 (Augustinerkloster)이 나온다. 1277년에 세워진 수도원은 수도원 내부 (박물관), 숙소, 교회, 새로 만든 도서관으로 구성되어 있다. 수도원 내부는 박물관으로 꾸며져 루터의 수도원 생활을 상상할 수 있게 한다. 루터가 입었던 수도복과 그가 살았던 작은 방, 그리고 거닐었던 복도 등을 확인할 수 있다. 수도원 이곳저곳을 둘러보면 자신의 육체를 거칠게 다루며 영적 싸움을 했던 젊은 루터의 고뇌를 느낄 수 있다.

필자 소개

안재중 목사는 1976년에 유학생들이 시작한 괴팅엔한인교회를 2006년부터 섬기고 있고, 2011년부터 총회 파송 선교사로 사역하고 있다. 가족으로는 아내 이순옥 선교사와 세 아들이 있다. 모두가 행복하게 신앙생활하는 유럽의 영적 수원지 같은 교회를 꿈꾸고 있으며, 자신을 필요로 하는 곳에서 필요한 사람이 되려고 애쓰고 있다.

비텐베르크(Wittenberg), 종교개혁의 고향

수도사 시절의 루터는 죄와 죽음, 그리고 심판에 대한 처절한 고뇌로 몸부림치고 있었다. 청소년 시절과 대학 시절을 성실하게 살아온 루터가 아우구스티누스 수도원(Augustinerkloster)에 들어가서 영혼의 구원을 위해 발버둥치는 모습은 루터를 특별하게 빚어가시는 하나님의 손길이 아니었을까. 하나님은 루터가 당신의 영광 앞에서 죽을 수밖에 없는 벌레 같은 죄인으로 서게 하셨고 죄악 가운데에서 구원의 은혜를 온전하게 깨닫게 하심으로 종교개혁의 횃불을 드는 그릇으로 루터를 준비시키셨다.

수도원에서의 루터는 죄를 해결하기 위한 방법으로 고행을 택했으며 다른 이의 추종을 불허할 만큼 남다른 열심으로 수행에 힘썼다. 그러나 그럴수록 루터의 양심은 오히려 진노하시는 하나님의 형벌에 짓눌려야만 했다. "도대체 얼마나 더 견뎌야 하나님 보시기에 충분할까?" 루터는 확신할 수 없는 고행에 자신을 내던졌다. 루터의 고해신부이며 영적 스승이었던 슈타우피츠(Johann von Staupitz)는 자신에게 끊임없이 찾아와 고해성사를 하는 루터로 인해 곤혹스러워했다. 슈타우피츠는 죄의 문제로 절망하던 루터에게 적극적인 해결방법으로 비텐베르크에 가서 가르치는 일을 해보라고 권유하였다. 그리하여 루터는 1508년에 비텐베르크에서의 첫 걸음을 내딛게 된다.

이신칭의와 십자가 신학

1509년에 에어푸르트(Erfurt)로 돌아가 신학공부를 지속하던 루터는 2년 간의 로마 방문을 마치고 강의와 신학공부를 병행하기 위해 다시 비텐베르크로 돌아오게 된다. 그때부터 1517년 비텐베르크 성교회(Schlosskirche Wittenberg)의 문에 "95개 논제"(95 Thesen)를 붙일 때까지 루터에게 필요했던 종교개혁의 자양분이 비텐베르크 대학에서 차곡차곡 쌓이고 있었다. 특별히 1513년부터 1517년까지 전념하였던 시편, 로마서, 갈라디아서 강해는 종교개혁의 생수를 공급하는 원천이 되었다. 시편에서는 우리의 죄를 위한 예수 그리스도의 십자가 외침을, 로마서에서는 모든 죄인들에게 값없이 주시는 구원의 선물인 '이신칭의'를, 그리고 갈라디아서에서는 인간의 율법적 행위의 무의미함을 깨달았다. 이것도 주님의 섭리였을 것이다. 작센의 선제후인 현자 프리드리히에 의해 1502년에 세워진 비텐베르크 대학을 통해 루터는 종교개혁의 근간이 되는 신앙적인 이론 작업을 성공적으로 마칠 수 있었다. 루터는 성경 연구를 통하여 세상이 전혀 예상하지 못한 엄청난 개혁의 수레바퀴를 돌리고 있었다.

그러나 이런 루터의 개혁신앙은 이미 수도원 시절의 고민에서부터 시작되었다. 루터가 주님의 십자가 보혈의 자비로 이루 말할 수 없는 황홀한 은혜를 깨달을 수 있었던 이유는 벌거벗은 몸으로 맞닥뜨리는 영혼의 깊은 절망을 맛보았기 때문이었다. 루터는 자신이 걸어온 영혼의 험난한 순례길을 통해 예수 그리스도의 십자가에 대한 바른 인식을 가지게 되었다. 스콜라 철학에 기반을 두는 영광의 신학에 대해 "사다리를 타고 하늘로 올라가려고 하는 헛된 노력"이라고 일갈하는 루터의 십자가 신학은 영적 고행의 부질없음에서 깨달은 자연스러운 결과였다. 루

95개 논제(비텐베르크 성교회 동판 주조)

터가 바라보았던 것은 영광의 예수님이 아니라 우리를 위해 고난 당하신 십자가의 예수님이었다. 이러한 루터에게 면죄부(Ablassbrief)는 하나님의 거룩과 공의도, 주님의 사랑도 만족시키지 못하는 역겨운 것이었다. 루터는 돈으로 구원을 살 수 있다는 교회의 가르침에 침묵할 수 없었다. 신앙 양심에 따라 면죄부 판매를 비난하는 설교를 하기도 하였다. 그래도 개선의 조짐이 전혀 보이지 않자 루터는 1517년 10월 31일 비텐베르크 성교회의 문에 95개 논제를 내걸었다. 이로써 종교개혁의 불꽃이 본격적으로 타오르기 시작하였다.

종교개혁의 고향

루터가 95개 논제를 붙인 10월 31일은 가톨릭의 중요한 절기인 만성절(Allerheiligen) 전날이었다. 만성절에 성인들의 유물을 찾아 비텐베르크로 모여드는 사람들이 그 논제에 관심을 가지면 그들과 함께 토론하기를 원했기 때문이다. 하지만 루터의 주장은 만성절 당일이 아니라, 그이후 인쇄물로 여기저기 퍼져 나가면서 알려지기 시작하였다. 루터의 95개 논제가 퍼져나가자 진리에 눈감고 기득권 수호에 매달렸던 교황과 황제의 반발이 시작되었다.

1518년의 하이델베르크 논쟁(Heidelberger Disputation), 아우크스부르크 제국의회(Reichstag zu Augsburg), 1519년의 라이프치히 논쟁(Leipziger Disputation)을 거치면서 마침내 1520년 루터는 파문장과 함께 자신의 주장을 철회하라는 요구를 받았다. 루터가 교황의 철회요구에 응하지 않자 1521년 보름스 제국의회(Reichstag zu Worms)에서 파문이 확정되었다. 그후 루터는 생명의 위험을 피해 아이제나흐(Eisenach)의 바르트부르크(Wartburg) 성으로 피신하게 되었다.

루터가 바르트부르크 성에 머무는 동안 종교개혁의 지도력에 공백이 생긴 비텐베르크는 혼란에 휩싸였다. 루터의 동역자였던 카를슈타트와 그의 추종자들이 교회당에 있는 성상들을 파괴하며 과격한 모습을 띠기 시작했다. 또한 츠비카우(Zwickau)의 세 예언자라 불리는 이들은 성경보다 성령의 직접적인 계시를 강조하는 신비주의적 경향을 보였다. 이같은 비텐베르크의 상황이 종교개혁을 좌초시킬 수도 있다는 위기의식을 느낀 루터는 1522년 3월 비텐베르크로 복귀하였다.

이후 루터는 교회 공동체 내의 개혁을 시도하였다. 루터는 예배의 일부로서 설교를 도입하여 하나님 말씀이 성례전과 함께 대등하게 자리하도록 하였다. 성찬 분배 시에는 평신도에게도 잔을 나누기 시작했다. 또한 루터는 예배에 회중이 적극적으로 참여할 수 있도록 찬송가를 사용하였는데, 1524년 비텐베르크에서 첫 개신교 찬송가가 발행되었다.

교회개혁과 함께 학교개혁도 이어졌다. 루터는 누구나 자기 신앙에 대해 스스로 책임을 져야하므로 각자가 성경를 읽고 쓸 수 있어야 한다고 주장하였다. 당시 독일 전체 인구의 80%가 학교가 없는 시골에 살고 있었기 때문에 교회가 학교의 역할을 감당하게 하였다.

루터와 보라의 결혼(A. Weger, 1849년 작)

　　루터는 1521년부터 결혼을 신성한 제도로 여겼고 성직자와 수도사에게도 결혼할 것을 권장하였다. 그는 1525년 6월 13일 아우구스티누스 수도원의 수녀였던 카타리나 폰 보라(Katharina von Bora)와 결혼하였으며 세 아들과 세 딸을 두었다.

　　루터에게 책상은 삶의 일부였다. 유난히 많은 글을 남긴 루터에게 책상은 분신과도 같았다. 사람들과 교제하기를 좋아하는 성격 덕분에 그의 책상은 항상 동료들로 둘러싸여 있었다. 그들은 함께 신앙과 교리 문제를 이야기하며 종교개혁의 핵심공동체로 발전해 갔다. 그들의 수준 높은 이야기를 듣기 위해 비텐베르크 대학의 학생들이 몰려들기도 했는데, 이 이야기들을 루터 사후에 편집해 놓은 것이 『탁상담화』(*Martin*

Luthers Tischreden)이다. 『탁상담화』는 루터의 일상과 종교개혁 사상의 발전에 대한 소중한 정보를 담고 있다.

비텐베르크는 루터에게 많은 신앙적 동지를 남겼다. 그와 함께 했던 대부분의 개혁자들은 비텐베르크에서 루터를 만났고, 루터를 지지했으며, 함께 개혁의 폭풍우 속으로 뛰어 들었다. 작센의 선제후 현자 프리드리히는 루터에게 없어서는 안 될 정치적, 신앙적 지지자였다. 그의 도움으로 작센 지역은 종교개혁의 흔들림 없는 중심지가 될 수 있었다. 『탁상담화』의 주요 인사였던 멜란히톤(Philipp Melanchthon)을 빼 놓고는 비텐베르크를 말할 수 없다. 멜란히톤은 루터의 영원한 영적 동지이자 제자였고 친구였다. 뛰어난 학자였던 멜란히톤은 이론적으로는 루터 신학을 뒷받침했으며 실제적으로는 루터의 부족한 자리를 메꾸며 루터를 대신하기도 했다.

루터의 평생 동역자였던 부겐하겐은 1523년부터 비텐베르크 시교회 목사로 일했으며, 이후 비텐베르크 대학 교수로 활동하기도 하였다. 그는 모든 어려운 현장에서 루터의 진정한 친구가 되어 주었고, 루터가 마음이 힘들 때 찾을 수 있는 유일한 사람이었다.

작센(Sachsen)의 궁중 화가이자 출판업을 같이 했던 크라나흐(Lucas Cranach)는 종교개혁의 현장을 그림과 문서로 남겼다. 루터가 있었던 모든 현장은 그의 그림으로 남았고, 95개 논제와 성경, 그리고 루터의 논문들이 대부분 크라나흐 인쇄소에서 인쇄되었다.

비텐베르크 성교회

　종교개혁 이후 루터는 자의 반 타의 반으로 많은 지역을 방문해야 했다. 하지만 그는 항상 비텐베르크로 다시 돌아왔다. 많은 지역에서 종교개혁 정신이 공유되고 가톨릭에 저항했지만 그 중심은 언제나 비텐베르크였다. 비텐베르크에 머물던 루터는 1546년 만스펠트(Mansfld)의 영주 형제들을 중재하기 위해 자신의 고향 아이스레벤(Eisleben)으로 떠났다. 아이스레벤에서 설교하던 중 쓰러져 4일 만에 사망한 루터가 다시 돌아온 곳도 비텐베르크였다. 그의 유해는 95개 논제를 붙였던 성교회에 안치되었다.

비텐베르크 돌아보기

비텐베르크 구시가지는 동서로 슐로스 거리(Schlossstraße)와 콜레기엔 거리(Collegienstraße)로 이어지는 중앙도로(Hauptstraße) 1km 이내에서 모든 곳을 방문할 수 있다. 먼저, 서쪽 끝의 성교회(Schlosskirche)에서 시작해 보자. 루터가 95개 논제를 붙였던 성교회는 작센의 영주들이 살던 비텐베르크 성의 부속 성당이었다. 루터 당시의 문은 전쟁 중 화재로 소실되었고, 지금은 동판으로 만든 문에 95개 논제를 라틴어로 새겨 보존하고 있다. 교회 내부 제단 앞쪽에 루터와 멜란히톤의 무덤이 있다.

이제 서서히 동쪽으로 걸음을 옮겨보자. 약 400m 정도 가면 탁 트인 시장광장이 보이고 그 가운데 두 개의 동상이 있다. 오른쪽이 루터의 동상(Lutherdenkmal)이고 왼쪽이 멜란히톤의 동상(Melanchthondenkmal)이다. 광장 주변 중세의 건물들은 아늑한 정취를 자아낸다. 광장에서 뒤를 돌면 크라나흐의 집(Cranach-Haus)과 크라나흐 호프(Cranach-Höfe)가 있다. 크라나흐 호프로 들어서면 크라나흐가 운영하던 인쇄소가 나오는데, 그곳에서 당시의 기술로 만들어진 인쇄물들을 구입할 수 있다.

다시 광장으로 나와 루터의 동상을 중심으로 2시 방향을 바라보면 두 개의 첨탑을 가진 교회가 보인다. 시 교회인 성 마리아교회(Stadtkirche St. Marien)이다. 루터의 동역자였던 부겐하겐이 최초의 개신교 목사가 되어 목회를 한 교회이다. 교회 내부로 들어가 제단 뒤에 있는 크라나흐의 제단화(Altarwerken)를 눈여겨보자. 성만찬, 세례, 죄의 고백과 용서, 말씀 선포, 네 가지 주제로 되어 있는데, 당시 실존 인물들을 그려 넣었다는 것이 특징이다.

다시 중앙도로로 나와 콜레기엔 거리를 따라 동쪽으로 약 500m를 걸으면 루터가 공부하고 강의하던 로이코레아(Stiftung Leucorea), 즉 비텐베르크 대학을 만나게 된다. 종교개혁 이후 루터와 멜란히톤의 강의는 인기가 높았고 많은 학생들이 몰려왔다. 성교회 문에 95개 논제를 게시한 이후에 비텐베르크 대학은 개혁의 중심지로서 유럽 최고의 명성을 얻었다.

그 옆으로 루터하우스(Lutherhaus)와 멜란히톤하우스(Melanchthon-haus)가 있다. 두 곳은 모두 박물관으로 꾸며져 있다. 비교적 유물이 많이 남아 있는 루터하우스와 유물이 많지 않아 현대식 박물관으로 꾸며진 멜란히톤하우스의 특징을 발견할 수 있다. 하지만 어느 곳이든, 그때 그 시절 개혁자의 숨결을 느낄 수 있는 것은 똑같다. 루터하우스는 원래 여자 수도원이었지만 종교개혁 이후 루터가 머무는 거처로 사용되었다. 루터의 방을 비롯해 400여 명의 학생들을 가르쳤던 강의실 등이 남아 있다. 마당 가운데에는 루터의 아내였던 카타리나 폰 보라의 동상이 있다.

마지막으로 동쪽으로 약 100m를 더 걸으면 도로의 끝에 회전형 교차로를 끼고 있는 큰 참나무(Luthereiche)를 발견할 수 있다. 1520년 교황 레오 10세(Leo PP. X)가 보낸 파문장과 교회법전을 불태웠던 곳이다. 이

때부터 루터는 가톨릭과 완전한 결별을 선언한 셈이다.

필자 소개

김성권 목사는 2013년부터 함부르크한인선교교회를 섬기고 있다. 산책과 독서를 즐기며 기타 반주로 찬양하는 소소한 취미를 가지고 있다. 가족으로는 아내 이복연 선교사와 두 아들 세훈, 세윤과 딸 수현이 있다.

하이델베르크(Heidelberg),
십자가 신학의 뿌리

하이델베르크 논쟁(Heidelberger Disputation)의 시작

하이델베르크(Heidelberg)에서 루터의 흔적을 찾기는 쉽지 않다. 하지만 하이델베르크는 루터 신학의 분명한 자리를 확인하게 해 준 중요한 도시이다. 루터는 당시 중세교회의 신학적 방향을 '영광의 신학'이라고 규정했다. 그리고 자신의 신학을 중세교회의 정반대 위치에 세우며 '십자가 신학'이라고 명명했다. 십자가 신학은 루터가 주장한 종교개혁 신앙의 뿌리가 되었다. 이 십자가 신학이 탄생한 곳이 하이델베르크이다.

1517년 10월 31일 비텐베르크 성교회 정문에 부착된 95개 논제는 로마 교황청의 거센 공격을 불러일으켰고 루터에 대한 집요한 억압과 회유로 이어졌다. 당시 면죄부 판매의 주동자였던 테첼(J. Tetzel)이 공격의 첨병 역할을 했다. 그는 1517년 말에 루터에 반대하는 106개의 반대 논제를 발표하였는데, 이는 루터의 재반박을 불러왔다. 이런 논쟁은 1518년 4월 하이델베르크 논쟁으로 이어졌다. 이는 루터와 로마 교황청 사이에 벌어질 거룩한 전쟁의 양상을 보여주는 단초였다.

하이델베르크 논쟁은 애초부터 루터를 회유하는 것에 목적이 있었다. 루터가 소속된 아우구스티누스 수도원의 책임자이자 루터의 스승이었던 슈타우피츠(Johann von Staupitz)를 통해 두 가지 안이 제시되었다. 첫 번째 제안은 95개조 논제로 촉발된 루터의 주장을 철회하는 것이었고, 두 번째 제안은 아우구스티누스 수도회 총회에서 루터 자신의 주장을 변증하는 것이었다. 루터는 이단으로 정죄될 위험에도 불구하고 자신의 논제를 직접 설명하기 위해 1518년 4월 21일 하이델베르크에 도착하였다.

루터 기념 동판

영광의 신학과 십자가 신학

1518년 4월 26일 루터는 수도회 총회에서 자신의 논지를 담은 40개 조로 구성된 논제를 제출하였다. 이것이 루터 종교개혁의 근간이라고 부르는 십자가 신학의 요체라고 볼 수 있다. 십자가 신학은 당시 로마교회의 신학적 근간이었던 영광의 신학과 대립되는 종교개혁신앙의 핵심이었다. 40개의 논제는 왜 교회가 잘못된 길로 가고 있는지에 대하여 논하는데, 1–28논제에서는 신학적으로, 29–40논제에서는 철학적으로 다루었다.

루터는 첫 번째 논제에서 "하나님의 율법은 삶의 가장 건전한 지침이긴 하지만 인간을 의의 길로 나가게 할 수 없으며 도리어 그렇게 하는 것을 방해한다"고 주장하며 율법으로 의를 이룰 수 없음을 분명히 하였다. 이는 율법과 인간의 자유의지가 결합하여 만들어낸 공로주의를 따라 화려함과 권력을 추구하는 로마교회의 '영광의 신학'을 비판하고 그것에 도전한 것이었다. 루터는 또 21번째 논제에서 "영광의 신학은 악을 선이라고 말하며 선을 악이라고 말한다"고 주장하며 직접적으로 비판하였다. 루터는 자신이 주장한 신학적 자리는 '십자가 신학'이라고 하였다. 영광의 신학은 죄의 문제를 다루지 않는다고 여긴 루터는 1–12번 논제에서 죄의 문제를 깊게 들여다보았다. 그리고 13–16번 논제에서 인간의 자유의지는 오직 죄를 더 짓게 만들 뿐이라고 주장하였다. 이런 루터의 생각은 후에 인문주의자 에라스무스와의 자유의지와 노예의지 논쟁으로 이어지기도 했다.

루터의 십자가 신학은 인간의 죄를 직시하는 것에서 시작된다. 인간의 자유의지가 죄를 점점 더하게 한다면 이것은 실망할 일이 아니라 십자가의 은혜를 향한 우리의 기대가 되고 소망이 되어야 한다. 왜냐하면, 하나님이 인간의 죄를 다스리시는 방법이 십자가였기 때문이다. 루터는 진정한 교회는 십자가에서 죽으신 예수 그리스도를 직시함으로 가능하다고 주장하였다. "율법은 행하라고 하지만 우리 삶에서 이루어진 적이 없고, 십자가의 은혜는 믿으라고 하는 즉시 이루어졌다"는 루터의 주장은 십자가 신학이 무엇인지 분명히 가르쳐주고 있다.

퍼져 나가는 개혁신학

하이델베르크 논쟁은 종교개혁 초기에 개혁의 정체성을 신학적으로 정리하는 기회가 되었다. 루터의 잘 정리된 신학적 관점과 논쟁의 태도는 당시 논쟁에 참여한 사람들에게 깊은 인상을 남겼으며, 이로 인해 몇몇은 루터와 함께 종교개혁에 동참하는 동지가 되었다. 이 논쟁의 주최자였던 슈타우피츠는 로마교회의 요청에 따라 루터를 불렀지만 루터와는 이미 오랫동안 교제해온 루터의 영적 스승이기도 했다. 도미니칸 수도회의 수도사였던 스트라스부르크의 개혁자 마르틴 부처(Martin Bucer), 뷔르템베르크(Württemberg)의 개혁자 요하네스 브렌츠(Johannes Brenz), 그리고 독일 남부 바이에른 지역 뇌르틀링엔(Nördlingen)의 개혁자 테오발트 빌리카누스(Theobald Billicanus) 등은 루터의 열렬한 지지자가 되었다. 그리고 하이델베르크 논쟁을 기점으로 대학을 중심으로 확산되던 개혁의 분위기가 대학을 넘어 전 독일과 유

럽으로 퍼져 나가기 시작
했다.

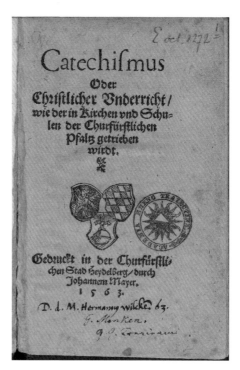

『하이델베르크 교리문답』 표지

하이델베르크는 루터
의 개혁신학이 최초로 조
명받기는 했지만 종교개혁
을 지지하는 도시는 아니
었다. 그 후 루터가 사망하
기 1년 전인 1545년에 가
서야 쿠어팔츠(Kurpfalz)
의 선제후 프리드리히 2세
(Friedrich II)에 의해 개신
교 도시로 출발할 수 있었
다. 이후 프리드리히 3세
가 선제후로 즉위하자 그는 삼촌의 뜻을 따라 종교개혁에 지속적인 관
심을 가지고 교회를 개혁하는 일에 힘썼다. 그가 가진 관심 중 하나가
교육이었다. 종교개혁을 지지하던 도시들은 교회를 세우는 가장 중요한
도구로 교리문답을 사용하고 있었다. 교리문답의 핵심이 복음이기 때문
인데, 당시 하이델베르크는 이미 루터의 『소교리 문답』과 브렌츠의 『소교
리문답』을 교회의 공식적인 신앙고백과 교육자료로 사용하고 있었다.

선제후 프리드리히 3세(Friedrich III)는 1560년 6월 하이델베르크 대
학에서 여러 교수들과 진행한 5일 간의 공개 논쟁을 통해 새로운 교리문

답의 필요성을 느꼈다. 이는 당시 성찬에 대한 이해로 갈등하던 루터파와 칼뱅파의 중재를 시도하는 의미이기도 했다. 1562년 초에 교리문답을 만들기 위해 불링거(Heinrich Bullinger)의 제자인 자카리아스 우르시누스(Zacharias Ursinus)와 카스파르 올레비아누스(Caspar Olevianus)를 세웠고, 1563년 2월 하이델베르크 교리문답이 완성되었다. 하이델베르크 교리문답은 성찬과 관련된 교리문제 해결을 통해 분열된 개혁세력을 묶어 내고 민중들의 개혁신앙을 일깨우며 같은 고백을 하도록 도왔다.

이처럼 종교개혁을 저지할 목적으로 루터를 불러낸, 종교개혁 이후 첫 번째 논쟁의 장소인 하이델베르크는 종교개혁의 상징적인 도시가 되었다.

하이델베르크 돌아보기

하이델베르크는 전통적으로 팔츠 선제후의 지배 아래 있던 고전 도시이다. 독일 최초의 대학인 하이델베르크 대학(1386년)이 보여주듯 학문의 중심지이기도 하다. 구시가의 중심인 마르크트 광장(Marktplatz)에서 보면 서쪽으로 성령교회(Heiliggeistkirche), 동쪽으로 구시청사(Bürgeramt Altstadt Heidelberg)가 있다. 성령교회는 16세기 초에 완성되어 하이델베르크가 종교개혁 도시가 되면서 개신교 교회로 바뀌었다. 하이델베르크 논쟁 당시 루터가 이 교회에 들렀을 것으로 추측된다.

구시가지의 중심을 가로지르는 중앙거리(Hauptstraße)를 따라 서쪽으로 약 300m를 걸으면 왼쪽으로 대학광장(Universitätsplatz)이라 불리는 넓은 광장이 나온다. 그 주위로 중세 하이델베르크 대학 건물들이 들어서 있다. 대학광장의 동쪽 모서리 부분 바닥을 잘 살피면 동판 하나를 발견할 수 있다. 루터가 하이델베르크 논쟁을 했던 장소(Martin Luther Disputation Location)로 알려진 곳에 이를 기념하여 1983년에 설치된 동판이다. 아쉽게도 하이델베르크에서는 그 중요한 의미에도 불구하고 더 이상의 루터의 흔적을 찾기는 쉽지 않다.

하이델베르크 중앙거리 북쪽으로는 넥카강(Neckar)이 흐르고 남쪽으로는 하이델베르크를 감싸고 있는 산이 있다. 남쪽 산 중턱에 하이델베르크 성(Schloss Heidelberg)이 자리잡고 있고, 북쪽 넥카강에는 하이델베르크에서 가장 오래된 다리인 카를 테오도르 다리(Karl-Theodor-Brücke : Alte Brücke Heidelberg)가 있다. 원래 오래된 목조 다리였으나 홍수로 유실되고, 1788년에 지금의 돌다리로 재건되었다. 고성(古城)에서 내려다보는 구시가지와 넥카강, 다리에서 올려다보는 고성은 어디에서 보아도 중세의 위엄과 아름다움을 간직하고 있다.

고성을 돌아본 다음 시청 앞에 위치한 광장 쪽으로 걸어 내려오면 시청 왼쪽으로 접어드는 골목에서 한국관이라는 식당을 만날 수 있다. 한국음식이 그리운 여행객들은 입안 가득히 채워지는 고향의 맛으로 잠시 행복을 느낄 수 있겠다. 또한 한식의 매력에 빠져들고 있는 유럽인들을 만날 수 있다.

여유가 된다면 다리를 건너 언덕 위로 오르는 작은 길(Schlangenweg)을 따라 약 10분쯤 계단을 올라가 보자. 철학자들이 걸으며 사색을 즐겼다는 철학자의 길(Philosophenweg)이 나온다. 철학자의 길을 걸으며 바라보는 전경은 하이델베르크의 진수를 보는 듯 아름답다.

필자 소개

어유성 목사는 2005년 10월 독일에서의 유학생활을 시작으로 빌레펠트(Bielfeld) 소재 베델신학대학(Kirchliche Hochschule Bethel)에서 디아코니아경영학(M.A)을 공부했고, 졸업과 함께 보훔한인교회에서 사역했다. 2017년 선교사로 모스크바 장신대에 파송되었으며, 2018년 11월부터 만하임주님의교회에서 담임목사로 섬기는 중이다. 취미는 전자제품 수리이며, 은퇴 후에는 은퇴 목회자들과 함께 찬양 밴드를 조직하여 드럼을 연주하기를 꿈꾸고 있다. 가족은 아내 장혜영 선교사와 하이델베르크 대학에서 박사 학위 취득 후 IT회사에서 근무하는 장남 성민과 대학졸업 후 요리사로 일하는 차남 성준, 그리고 사범대학교에 재학중인 며느리 Ari가 있다.

라이프치히(Leipzig), 종교개혁의 디딤돌이 된 도시

라이프치히(Leipzig)는 동독과 서독이 하나로 통일되는 데 중요한 역할을 한 니콜라이교회(Nikolaikirche)의 '월요기도회'(Montagsdem-

니콜라이교회 월요기도회

onstrationen)로도 유명하고, 음악의 아버지라 불리는 요한 세바스찬 바흐의 도시로도 알려져 있다. 또한 종교개혁 시대에 루터의 주요한 신학논쟁이 있었던 도시이다.

라이프치히 논쟁(Leipziger Disputation)

1517년 루터가 내걸었던 95개조 반박문이 학자들과 학생들 사이에 점점 크게 회자되면서 소위 '라이프치히 논쟁'으로 비화되었다. 1518년에는 루터의 동료 교수였던 카를슈타트가 교회의 권위보다 성경의 권위가 우선한다고 주장하자, 가톨릭 신학자인 요하네스 에크(Johannes Eck, 1486-1543)가 공개토론을 요청하였다.

그 이듬 해인 1519년에 당시의 플라이센성(Pleißenburg, 현재 신시청사)에서 벌어진 라이프치히 논쟁은 폭발적인 관심을 불러일으켰다. 1518년에 라이프치히가 논쟁의 장소로 결정되었고, 논쟁이 시작되기 전 1519년 초여름이 될 때까지 수개월에 걸친 사전 서면토론이 이어졌다. 논쟁은 성 토마스교회(St. Thomas)에서 토마스교회 찬양대(Thomanerchor)의 연주를 포함하여 축하 리셉션이 끝난 후, 6월 27일부터 약 3주간 진행되었다. 교황에게 정면으로 도전한 루터의 진영에는 카를슈타트가 함께했고, 반대편에는 당시 신학의 거장으로 가톨릭의 스타였던 잉골슈타트(Ingolstadt)의 요하네스 에크가 맞붙었다. 논쟁의 쟁점은 주로 교황의 권위와 같은 근본적인 신학적 질문에 대한 것이었다.

이 논쟁에서 루터는 구원받기 위해서 반드시 교황을 인정할 필요는 없다고 주장했다. 그 외에도, 오직 성경만이 신앙의 도리와 생활의 규범이 되므로 성경의 가르침에 따라 교회를 개혁해야 한다고 주장했다. 세부적으로 면죄부(Ablassbrief), 고해성사(Bußsakrament), 연옥교리(Purgatorium) 등의 잘못을 지적했다. 루터가 "아침에는 7시에서 9시까지, 오후에는 2시에서 5시까지, 논쟁이 지속되는 동안 매일 두 번 성에 있어야 했다"고 회고한 것처럼, 논쟁은 매일 약 5시간 동안 이어졌으며 라틴어로 이루어진 모든 논쟁은 문서로 기록되었다.

논쟁의 초점은 로마교회 수장으로서의 교황의 수위권에 관한 것이었다. 에크는 가톨릭의 전통적인 주장이었던 교회와 공의회는 오류가 있을 수 없다는 의견을 피력했고, 루터는 교회에는 오직 하나, 성경만이 유일한 무오류의 권위를 가지고 있다고 주장했다. 이 논쟁은 보헤미안

플라이센 성(루터와 에크의 논쟁 장소)

의 종교개혁자였던 얀 후스(Jan Hus)가 이단으로 정죄 당하고 화형에 처해졌던 콘스탄츠 공의회(Konzil von Konstanz, 1414-1418)에도 오류가 있느냐는 논쟁으로 이어졌고, 루터는 얀 후스의 이단 사상을 지지한다는 공격을 받게 되었다. 후스의 가르침 가운데 많은 것이 참되고 복음적인 가르침이라는 의견을 굽히지 않았던 루터는 에크로부터 이단자라는 낙인이 찍히게 되었다.

전반적인 분위기로는 에크가 라이프치히 논쟁의 승자였다. 에크는 몰아붙였고 루터는 주춤했다. 하지만 루터는 이 논쟁을 통하여 신학형성에 새로운 도약을 할 수 있었다. 루터는 라이프치히 논쟁 이후에 비로소 후스의 주장을 집중적으로 다루게 되었고 교황과 교회와의 관계에 대해 더 깊이 생각하게 되었다. 개혁자가 되기 위한 루터의 길에서 "라이프치히 논쟁"이 결정적인 계기가 된 것이다.

라이프치히의 루터

라이프치히 논쟁은 로마 가톨릭과 루터 진영이 서로의 갈등을 해결하기 위하여 치밀하게 준비하여 정면대결을 펼친 첫 번째 장이었다. 루터는 이곳에서 종교개혁의 첫 번째 원리인 '오직 성경'(sola scriptura)을 명백하게 선언하였다. 첫 출발은 교황의 권위와 전통, 공의회의 권위에 관한 논쟁이었지만 루터는 그 모든 것이 성경의 권위에 복종하는 것이어야 한다고 주장함으로써 '오직 성경'이라는 가치를 등장시켰다. 라이프치히의 치열했던 논쟁은 루터를 더 크게 자극하였고, 결국 종교개혁의 정신이라고 할 수 있는 소논문들이 탄생하게 되었다. 라이프치히 논쟁이 1520년에 발표된 세 개의 논문에 소중한 자양분이 된 것이다. 이 때 발표된 세 개의 소논문은 사방으로 퍼져나가 읽혔으며 공감을 얻었다. 소논문을 읽은 다른 지역의 개혁자들은 루터를 중심으로 모이기 시작했고 민중들은 서서히 그에게 매료되었다. 라이프치히는 루터에게 신학적 출발점인 동시에 대중적 개혁운동의 출발점이 되었다.

개혁의 씨앗, 루터의 3대 논문

1520년에 발표된 세 개의 논문은 루터의 개혁 사상을 알리는 가장 중요한 도구가 되었다. 『독일의 크리스천 귀족에게 고함』(*An den christlichen Adel deutscher Nation*), 『교회의 바벨론 포로』(*Von der babylonischen Gefangenschaft der Kirche*), 그리고 『그리스도인의 자유에 대하여』(*Von der Freiheit eines Christenmenschen*), 이 세 개의 논문은 활자로 인쇄되어 빠르게 퍼져 나갔고, 이를 통해 점점 많은 사람들이 루터의 개혁 사상에 영향을 받게 되었다. 아직 종교개혁이 초기 단계인 것을 감안하면 그 내용들은 매우 혁명적이었다.

『독일의 크리스천 귀족에게 고함』

1520년 8월에 발행된 이 소논문은 루터의 종교개혁 정신을 가장 효과적으로 쓴 저작 중 하나였다. 루터는 교황이 세운 '세 개의 벽'이라는 이미지를 사용하여 개혁의 필요성을 설명했다. 첫 번째 벽은 사제나 성

직자의 권위가 세속 권위 위에 있다는 것이었고, 두 번째 벽은 오류 없는 성경 해석에 대한 교황의 독점이고, 세 번째 벽은 오직 교황만이 공의회를 소집할 수 있다는 것이었다. 이 세 가지는 모두 잘못된 권위에 대한 저항이었다. 루터는 교황도 오류를 범할 수 있다는 사실을 인정하고 수도원 제도의 축소, 독신주의 폐지, 교회 및 사회제도의 재조직 및 신학 연구에 있어서 더욱 강력한 성경 중심의 개혁을 해야 한다고 주장했다.

『독일의 크리스천 귀족에게 고함』 표지

역사가 폴커 라인하르트(Volker Reinhardt)에 따르면, 1520년 6월 15일 교황의 파문 선언은 개혁가의 생애에 결정적인 촉매제가 되었다. 그때부터 루터와 로마 교황청 사이의 화해는 사실상 불가능했다. 루터는 자신에 대한 파문 위협에 대항하여 오히려 가톨릭교회를 파문한 셈이었다. 그는 논문에서 가톨릭교회가 스스로 세운 벽과 이를 어떻게 해체해야 하는지에 대해 설명하면서, 스스로 교회의 벽을 허무는 사람으로 자처했다. 제목에서 보듯이 독일의 지도층, 지식인들이 함께 일어서

루터를 말한다 루터가 말한다

기를 촉구했다.

『교회의 바벨론 포로』

이 글은『독일의 크리스천 귀족에게 고함』발표 후 두 달 뒤인 10월에 발표되었다. 라틴어로 쓰여진 이 논문은 당시의 교회를 기원전 6세기 유다의 바벨론 포로기에 비유하며, 교회가 성례의 포로가 되어 있음을 지적했다. 성례의 포로가 된 교회를 해방시키는 진정한 개혁은 성경에 근거한 두 가지 성례인 세례와 성찬만 남겨야 한다고 주장하며 교회를 뿌리째 흔들었다.

루터는 성경을 근거로, 인간의 일생 전부를 성례의 틀 안에 가두었던 일곱 가지 성례(세례, 성찬, 고해성사, 견신례, 혼인성사, 서품성사, 종부성사)를 폐하고 세례와 성찬만을 받아들였다. 성찬식의 경우에도 평신도들에게 떡만 주고 잔은 주지 않았던 당시 관행에 문제를 제기했다. 성경에서 주님은 떡과 잔을 통해 기념하라 하셨으니 만약 이중 하나라도 평신도들에게 주지 않는다면 그것은 그리스도를 거스르는 것이라 주장했다.

『그리스도인의 자유에 대하여』

『교회의 바벨론 포로』를 발표한 지 한달 후 발표된 이 논문에서 루터는 '95개 논제'와 마찬가지로 30번까지 주제별 번호를 매겨 자신의 생각을 정리했다. 루터의 자유는 이신칭의의 결과로 발생한 자유, 즉 믿음으로 의롭게 된 결과로서의 자유이다. 루터는 1항에서 아주 중요한 두 가지 명제를 제시한다. 첫째는 "기독교인은 만물의 자유로운 주인이며 누구에게도 종속되지 않는다"이고, 둘째는 "기독교인은 만물의 종이며 모든 사람에게 복종한다"이다.

모순처럼 보이는 이 말은 예수 그리스도를 통해서만 이해된다. 예수께서 만물의 주인이셨지만 인간을 위해 스스로 종이 되셨고 모든 사람의 구원이 되셨다. 따라서 그리스도인도 참된 자유인이지만 종이 되어 섬기는 삶을 살아야 한다. 3-18항은 첫 번째 명제인 '어떻게 구원을 얻을 것인가'라는 문제를 다룬다. 칭의에 관한 가르침이다. 우리는 그리스도 외에는 어떤 것에도 종속되지 않는다. 19-30항은 두 번째 명제인 '어떻게 살 것인가'라는 문제를 다루고 있다. 그리스도인은 봉사하고 섬기는 삶을 살아야 한다.

루터는 모든 사람을 섬기는 종으로서의 정체성이 예수 그리스도가 주시는 자유로만 가능하다고 주장한다. 오직 믿음으로 말미암는 그리스도인의 자유와 크신 하나님의 은혜에서 오는 섬김이 없이는 참된 그리스도인으로 살아갈 수 없다.

라이프치히 돌아보기

라이프치히는 인구 60만의 대도시이다. 하지만 루터와 관련된 주요 유적은 구시가지에 밀집되어 있다. 루터와 요하네스 에크의 논쟁이 벌어진 플라이센 성(Pleißenburg)에서 시작해 보자. 13세기에 지어진 이 건물은 현재 신 시청사로 사용되고 있다. 논쟁은 성의 안뜰에서 개최되었다고 한다. 1539년 라이프치히가 개신교 도시로 선언될 때, 루터는 이곳에서 감회에 젖어 설교를 하기도 했다.

성을 나와 북쪽으로 약 200m를 걸으면 토마스교회(Thomaskirche)를 만나게 된다. 토마스교회는 12세기경부터 지어지기 시작해서 16세기 말에 현재의 고딕 양식 교회로 세워졌다. 루터와 요하네스 에크의 논쟁 당시 이곳에서 합창단의 노래로 논쟁을 시작했다고 하니 라이프치히 시가 이 논쟁을 얼마나 낭만적으로 생각했는지를 알 수 있을 듯하다. 토마스교회 합창단은 800년을 이어오고 있다고 한다. 바흐(Johann Sebastian Bach)가 1723년부터 1750년까지 교회음악 책임자로 일했던 교회로도 유명하다.

토마스교회에서 동쪽으로 약 500m를 걸으면 성 니콜라이교회(Nico-laikirche)가 나온다. 니콜라이교회는 1165년 두 개의 주요 무역로가 교차하는 지점에 세워졌다. 라이프치히에 도시의 권리와 무역의 특권이 주어지던 해에 기념으로 세워진 교회이다. 그래서 그때부터 상인들의 수호성인인 니콜라이교회로 이름 지어졌다. 16세기 후반에 현재의 모습인 고딕으로 재건되었는데 이곳은 1539년에 루터가 설교했던 교회이기도 하다. 교회 안에는 루터가 설교했다는 기념패가 달려 있다. 1982년부터 매주 월요일에 시작된 평화기도회(월요시위)가 독일 통일을 이루는 초석이 되었다.

다시 토마스교회 방향으로 약 250m를 걸으면 구 시청사(Altes Rathaus)가 나온다. 16세기에 르네상스 양식으로 지어진 구 시청사는 라이프치히의 상징으로 불린다. 구 시청사에는 라이프치히 시립 역사 박물관이 있다. 이 박물관에서도 종교개혁과 인쇄의 역사를 만날 수 있다.

이제 마지막으로 북쪽으로 약 300m 떨어진 하인슈트라쎄 16-18번지(Hainstraße 16–18), 오늘날 폴란드 호텔(Hôtel de Pologne)을 가보자. 루터의 지지자였던 멜키오르 로테르(Melchior Lotther)가 살던 집이다. 그는 1518년에서 1520년 사이에만 루터의 저작물 중 40개 이상을 인쇄해서 세상에 내보냈다. 라이프치히 논쟁을 하는 동안 루터가 머물렀던 집이기도 하다.

필자 소개

손교훈 목사는 2002년 말 총회 파송 선교사로 독일에 와서 함부르크한인교회에서 5년간, 2007년 말부터는 카이저스베어터 디아코니(Kaiserswerther Diakonie)에 자리한 뒤셀도르프선교교회에서 17년째 섬기고 있다. 그 외 장애인선교단체인 밀알 독일 단장, 유학생수련회인 유럽코스타 상임대표 등으로도 섬긴다. 2017년에는 풀러신학교에서 『재독 한인디아스포라교회의 선교동력화 연구』라는 제목으로 선교목회학 박사 논문을 썼다. S-pen으로 그림 그리기, 이런저런 악기 다루기 등의 취미를 갖고 살아간다. 가족은 아내 김성희 선교사와 두 아들 민해(미대 졸업 후 전업 화가), 민주(IT회사 근무)가 있다.

보름스/슈파이어(Worms/Speyer), 불꽃 같은 저항의 현장

중세 게르만 문학 서사시 니벨룽엔(Nibelungenlied)의 전설이 라인강과 함께 흐르는 보름스에서 종교개혁의 가장 강렬한 문장이었던 루터의 외침이 울려 퍼졌다. "내가 여기 서 있습니다. 내가 할 수 있는 다른 것이 없습니다. 하나님이여 나를 도와주소서. 아멘!"(Hier stehe ich. Ich kann nicht anders! Gott helfe mir, Amen!)

1519년의 라이프치히에서 요하네스 에크와 루터가 치렀던 격한 논쟁의 결과는 교황 레오 10세(Leo PP. X)의 루터에 대한 조건적 파문 명령으로 이어졌다. 그럼에도 불구하고 의지를 꺾지 않고 3대 논문을 발표하며 개혁에 몰두했던 루터는 보름스 제국의회 소환이라는 절체절명의 순간을 마주하게 되었다. 1521년 3월, 당시 신성로마제국을 다스리던 황제 카를 5세(Karl V)는 논쟁을 종식시키려는 로마 교황청의 요청으로 제

종교개혁 기념 동상

국의회에 루터를 불렀으나, 그의 의도와는 달리 종교개혁의 불길은 더욱 타오르게 되었다.

 루터를 지지한 작센의 선제후 현자 프리드리히 3세(Friedrich III. der Weise von Sachsen)는 보름스 제국의회에서 루터가 자신을 변호할 수 있는 시간을 갖기 원했다. 당시 카를 5세는 황제 선거 때 자신에게 투표한 작센 선제후의 체면을 존중하여 루터의 신변을 보장하겠다고 약속했지만 그 약속이 지켜질 것이라고 생각한 사람은 아무도 없었다. 루터의 주변에서는 만류했고, 처음에는 루터조차도 보름스에 가야 하는지 확신할 수 없었다. 그러나 루터가 슈팔라틴과 주고 받은 편지에서 "그곳의 지붕 위에 있는 기왓장 숫자만큼이나 마귀들이 있을지라도 가겠다!"고 다짐했던 것에서 볼 수 있듯이 그는 이미 두려움 너머 진리의 길을 걷고 있었다.

보름스(Worms)의 외침

루터는 비텐베르크에서 출발하여 약 700km의 여정 끝에 1521년 4월 16일 보름스에 도착했다. 루터가 지은 찬송가 "내 주는 강한 성이요"에서 "이 땅에 마귀 들끓어 우리를 삼키려하나 겁내지 말고 섰거라. 진리로 이기리로다"라는 가사는 보름스를 향하는 루터의 마음이 어떠했는지를 잘 보여주고 있다.

제국의회가 열린 보름스는 그야말로 인산인해를 이루었다. 당시 보름스 인구보다 훨씬 많은 사람들이 모여들었고, 루터는 4월 17일에 보름스 제국의회에 출석했다. 당시 보름스에는 루터의 지지자와 가톨릭교인 사이에 긴장감이 팽배해 있었다. 역사는 제국의 권력자들 앞에 선 루터가 당당한 모습이었다고 기록한다.

루터에게 주어진 심문의 내용은 두 가지로 요약된다. 하나는 "그동안 루터가 주장하고 기록했던 것들이 루터의 말과 저작이 맞는가" 하는 것이었고, 다른 하나는 "만약 그 모든 것이 루터의 주장이라면 그 주장을 철회할 뜻이 있는가"였다. 첫 번째 질문에 거리낌없이 대답한 루터는 두 번째 질문의 대답을 위해 하루의 시간을 줄 것을 요청했다. 철회의 가능성이 있거나 두려워서가 아니라 자신을 지지하는 사람들에게 조금의 시간을 벌어주기 위해서였다. 다음날인 4월 18일 제국의회장에서의 루터의 모습은 그 대답의 내용과 함께 종교개혁 역사에 가장 중요한 장면으로 기록되고 있다.

"성서의 증거와 명백한 이성을 통해서 내 자신이 믿어지지 않는 이상 교황과 공의회의 권위를 인정하지 않겠습니다. 사실 이 둘은 오류를 범하여 왔고 또 서로 엇갈린 주장을 펴왔습니다. 내 양심은 하나님의 말씀에 사로잡혀 있습니다. 나는 아무것도 철회할 수 없고, 또 그럴 생각도 없습니다. 왜냐하면 양심에 반해서 행동하는 것은 안전하지도 못할 뿐만 아니라 유익한 일도 아니기 때문입니다. 하나님이여, 나를 도우소서. 아멘."

독일어가 서툴렀던 카를 5세는 루터의 대답을 제대로 이해하지 못했다고 한다. 카를 5세가 옆에 있던 추기경에게 "공의회가 틀렸다고 한 것인가?"라고 묻자, 루터는 자신에게 물은 것인냥 다시 힘을 주어 "예"라고 답변했다. 루터의 주장에 대한 철회를 얻어내지 못한 황제는 루터의 생각과 글들이 "이단적이고 위법적이며 거짓"이라고 선언했고, 교황 레오 10세의 교서 대로 루터를 파문하기로 결정했다.

루터가 재판받은 장소 기념 조형물

이런 제국의회의 서슬 퍼런 판결에 루터의 생명은 흔들렸다. 황제는 루터의 신변 안전을 약속했기 때문에 형식적으로는 루터를 무사히 돌려보내는 것처럼 했지만, "루터는 법 밖에 있다"는 선언과 함께 제국 시민으로서의 자격을 박탈했다. 이는 루터를 돌려보내되, 그의 생명을 뺏는 일에는 황제 측 뿐만아니라 모든 사람에게 기회가 주어진다는 뜻이었다. 그리고 루터에게는 돌아가는 중에 설교나 연설을 하지 말 것, 누구라도 루터에게 숙식과 안전을 제공하지 말 것과 같은 조건이 붙어 있었다. 그런 루터가 비텐베르크로 가는 길에 사라졌다. 루터의 생명을 지키기 위한 선제후 프리드리히의 계획으로 아이제나흐의 바르트부르크 성으로 옮겨진 것이다.

슈파이어의 저항(die Speyerer Protestation)

슈파이어는 보름스에서 라인강을 끼고 남쪽으로 약 50km 떨어진 곳에 위치하고 있다. 보름스 제국의회가 열린 지 8년 후에 또다시 열린 제국의회 도시이다.

1526년 황제 카를 5세는 위기에 처해 있었다. 프랑스와 전쟁을 치르고 있는 와중에 오스만 투르크의 위협까지 받게 되자 국내정치를 안정적으로 이끌 필요가 있었다. 황제 대신 동생이 참여한 1526년의 슈파이어 제국의회에서는 루터를 이단으로 정죄하고 법적 지위를 박탈했던 보름스의 심판을 유보하고, 각 도시는 제후의 선택에 따라 신앙의 자유를 갖는다고 선언하였다. 종교개혁이 일어난 이후 처음 공식적인 자유가 선포된 것이다.

하지만 평화는 오래 가지 않았다. 프랑스와의 전쟁에서 승리하고 오스만 제국의 위협을 적절하게 봉합한 카를 5세는 1529년 슈파이어에서 두 번째 회의를 소집하고 자신이 직접 참석하였다. 국제질서에 상당한 자신감을 얻은 황제는 1526년에 결정한 신앙의 자유를 철회하고 보름스에서의 심판이 유효하다는 행정명령을 진행하였다. 이때 다시 신앙의 자유를 잃어버릴 위기에 처한 종교개혁 지지자들은 1526년의 선언을 지켜야 한다는 주장을 이어갔다.

그러나 종교개혁 지지자들의 항의는 철저히 무시되었고, 1529년 4월 24일 낭독된 제국의회 조례에는 신앙의 자유를 주장한 그들의 의견이 한 마디도 언급되지 않았다. 다음날 루터의 종교개혁을 지지하는 모임에서는 제국의회의 결의에 대한 불만이 터져 나왔고, 자신들의 신앙

종교개혁 기념교회

과 1526년의 합의가 존중되어야 한다는 항의서를 작성하였다. 이 항의서는 당시 법적 호소문의 형식을 갖춰 작성되었으며, 6개의 제후국과 14개 도시의 지도자들이 연대 서명을 하여 공식적인 문서로 황제에게 전달되었다. 이때부터 개신교는 "저항하는 사람들"이라는 뜻으로 "프로테스탄트"(Protestanten)라 불렸고, 신교와 구교로 구분되는 출발점이 되었다.

슈파이어의 저항은 루터가 보름스에서 외쳤던 외로운 항의의 열매였다. 혼자 외쳤던 개혁의 소리는 8년이 지나 집단의 소리가 되었다. 사람들이 곳곳에서 신앙의 자유를 찾아 일어났고 박해를 피해 길을 떠났다. 부패하고 타락한 교회에 결연히 맞선 사람들, 그들의 저항이 신앙이 되고 있었다. 그 후 개신교는 더 적극적으로 황제에게 대항하기 위하여 슈말칼덴 동맹(Schmalkaldischer Bund)을 결성한다.

보름스 돌아보기

제국의회가 열렸던 보름스 대성당(Wormser Dom, St. Peter)에서 시작하자. 보름스 대성당은 독일을 대표하는 로마네스크 성당 중 하나이다. 약 1000년경에 세워져 1320년에 현재의 모습으로 완성되었다. 대성당 앞에는 1025년까지 보름스 대성당의 주교였던 부르카르트(Jacob Christoph Burckhardt)의 동상이 세워져 있다.

보름스는 작은 도시지만 오랫동안 신성로마제국의 자유도시로 존재했고 약 100회 이상의 제국의회가 열린 곳이기도 하다. 대성당을 정면으로 보고 왼쪽으로 살짝 돌면 정원으로 나가는 길이 있다. 종교개혁 당시에는 그곳에 주교 궁(Bischofshof)이 있었고, 건물이 있던 지금의 정원 자리에서 루터의 재판이 열렸다. 루터가 재판을 받았던 자리에 상징적인 청동 신발과 답변을 적은 청동 판이 있고 바로 앞에 당시 교회 건물의 모습을 담은 부조 동판이 서 있다.

다시 정원에서 나와 오른쪽 성벽문을 지나 성당을 끼고 약 100m를 걸으면 루터의 종교개혁 기념비(Lutherdenkmal)를 만날 수 있다. 독일에 있는 약 30여 개의 종교개혁기념비 중에서 가장 크고 역사를 잘 알 수 있는 작품이다. 중앙에 루터가 서 있고, 루터를 중심으로 그 발 아래 단에 프랑스의 발도(Pierre Valdo), 영국의 위클리프(John Wycliffe), 체코의 후스 그리고 이탈리아의 사보나롤라 등, 루터 이전의 종교개혁을 이끌었던 사람들이 있다. 양 옆에는 루터를 돕고 지지한 작센의 선제후 프리드리히와 헤센의 영주 필립이 서 있다. 그 외에도 로이힐린, 멜란히톤의 동상이 있고, 루터와 뜻을 같이 했던 영주와 도시들의 이름, 문장이 부조되어 있다. 그 외 니벨룽엔 박물관과 11세기 유대인 묘지가 있는 구역을 천천히 돌아보는 것도 보름스를 찾는 의미가 될 듯하다.

슈파이어 돌아보기

기념교회(Gedächtniskirche)는 1529년 제국의회의 부당함을 알리고 신앙의 자유에 대한 외침을 기억하기 위해 1904년에 세운 교회이다. 고딕양식의 첨탑이 100m 높이로 세워져 저항의 의지를 표현하고 있고, 교회 현관 입구에는 루터의 동상이 세워져 있다. 한 손은 저항을 상징하는 주먹을 쥐고 다른 한 손은 진리를 강조하는 성경을 들고 선 루터의 동상은 "프로테스탄트"가 무엇인지를 상징적으로 보여준다. 그 주변 벽면에는 루터를 도왔던 제후들이 있다. 교회 내부로 들어가 제단 중앙의 그림을 눈여겨보자. 큰 문과 문 앞에 서 계신 예수님은, 예수님을 통해 들어가는 하나님나라라는 진리를 강조하고 있다. 기념교회에서 동쪽으로 약 1Km 떨어진 곳에 제국의회가 열렸던 슈파이어 대성당(Dom zu Speyer)이 있다. 길이 134m, 첨탑 높이가 72m에 이르는 거대한 성당이다. 보름스 대성당과 마찬가지로 1000년경에 공사가 시작되어 1060년에 완공된 로마네스크 양식의 건축물로 1981년에 유네스코 세계문화유산으로 지정되었다. 대성당에서 나와 정면으로 구시가 길을 따라 약 150m 정도 걸으면 순례자 야고보 동상(Jakobspilger)을 볼 수 있다. 슈파이어는 구시가지 어딘가에서 차 한잔 마시기에 좋은 도시이다.

필자 소개

전준봉 목사는 2006년 9월에 학업을 위해 독일에 와서 뷔르츠부르크한인교회 협동목사로 섬겼고, 2009년 하이델베르크 대학 신학부에서 디아코니아를 공부했다. 2010년 만하임사랑교회 교육목사로 섬겼고, 2013년 6월부터 하이델베르크한인교회 담임목사로 섬기고 있으며, 2015년에 교단 총회 파송 선교사가 되었다. 가족은 아내 신기옥과 딸 전은수(다름슈타트공대) 그리고 아들 전광수(마인츠대학)가 있다.

뉘른베르크(Nürnberg), 출판과 문화의 도시

금속활자 발명으로 인한 출판 기술의 발전은 루터의 종교개혁에 큰 영향을 끼쳤다. 1440년에 발명된 구텐베르크(Johannes Gutenberg)의 인쇄기는 소수의 귀족과 사제 계급이 독점하던 지식 체계를 단숨에 변화시켰다. 루터의 95개 논제(M. Luthers 95 Theses)는 금속활자로 인쇄된 후 유럽 전역으로 빠르게 퍼져 나갔고, 교황청에 의해 '금서'가 되자 오히려 유명세를 타면서 인쇄소의 기계들을 돌리게 만들었다. 당시에 베스트셀러는 누가 뭐래도 마르틴 루터의 이니셜 'M. L.'이 찍힌 도서였다. 금속활자 인쇄기는 당시 르네상스와 종교개혁으로 이어지는 세계사 대전환의 한 가운데에 자리하게 된 것이다.

출판도시 뉘른베르크

비텐베르크에서 남쪽으로 약 350km 떨어진 뉘른베르크는 종교개혁 당시 인구가 50,000여 명에 이르는 신성 로마제국의 대도시 중 하나였고, 비텐베르크, 라이프치히 등과 함께 출판의 중심지였다.

루터의 95개 논제는 처음부터 이목을 끈 것이 아니었다. 비텐베르크 대학의 동료들 사이에서만 인쇄되어 전해지다가 뉘른베르크와 라이프치히의 인쇄업자들의 손에까지 넘어가게 되었고, 대중들의 관심을 얻기 시작하면서 대량생산에 들어가게 되었다. 이것이 거대한 종교개혁의 물결이 되리라고는 그때까지 아무도 알지 못했다..

뉘른베르크의 인쇄업자였던 횔첼(Hieronymus Höltzel)은 먼저 95개 논제를 라틴어로 출판했다. 횔첼은 당시 유명한 화가였던 알브레히트 뒤러(Albrecht Dürer)의 판화나 당대 유명한 뉘른베르크 극작가였던 한스 작스(Hans Sachs)의 저술 등

95개 논제(가장 오래된 라틴어 인쇄본)

을 출판하고 있었다. 그는 95개 논제를 시작으로 종교개혁에도 큰 관심을 가졌고, 후에는 종교개혁자 카를슈타트(Andreas Rudolph Bodenstein von Karlstadt)의 글과 마르틴 루터를 맹비난했던 토마스 뮌처(Thomas Müntzer)의 『충분히 이유 있는 변론』(Hochverursachte Schutzrede)을 출판하기도 하였다.

종교개혁의 대중화

뉘른베르크에서 종교개혁의 대중화에 기여했던 대표적인 인물로는 정치영역에서 카스파 뉘첼(Kaspar Nützel), 문화 영역에 한스 작스(Hans Sachs), 그리고 미술에 알브레히트 뒤러(Albrecht Dürer)가 있다.

뉘첼은 뉘른베르크의 귀족이자 시의회 의원이었으며 루터의 95개 논제를 독일어로 번역하여 인쇄한 인물이다. 그동안 인쇄된 라틴어 원문이 지식인 층에서만 읽혔다면, 이제는 뉘첼에 의해서 라틴어를 읽지 못하는 일반 대중들도 쉽게 루터의 논제를 접할 수 있는 시대가 열린 것이었다. 후에 뉘첼은 종교개혁자들과 깊은 교류를 가지게 되었는데, 그는 루터가 이단으로 정죄당한 1521년 보름스 제국의회(Reichstag zu Worms) 현장에 뉘른베르크 대표로 참석하여 루터의 역사적인 고백을 들었다. 뉘른베르크 평의원으로 루터와 긴밀했던 라차루스 슈펭글러(Lazarus Spengler)와도 가까웠고, 루터의 아우구스티누스 수도원 시절부터 가장 큰 영향을 끼쳤던 슈타우피츠(Johann von Staupitz)와 깊은 친분이 있었다. 뉘첼은 이런 사상적 교류 속에서 전적으로 종교개혁운동을 지지했으며 자신의 집에서 새로운 예식에 따른 첫 세례를 거행하기도 하였다. 뉘첼은 의회 대표인 자신의 권위를 활용하여 종교개혁사상이 승리할 수 있도록 가장 앞장섰던 사람이었다.

한스 작스는 종교개혁의 문화적 수용에 있어서 매우 중요한 인물 중 하나이다. 한스 작스는 종교개혁 시대를 살았던 구두제조업자이면서 명가수였다. 그는 수공업으로 유명한 도시였던 뉘른베르크의 수공업자 길드(Zunft)에 속해 있으면서 노래와 음악을 사랑했던 이들의 에피소드를 담고 있는, 바그너(Wilhelm Richard Wagner)의 유명한 오페라 〈뉘른베르크의 명가수〉(Die Meistersinger von Nürnberg)의 주인공이기도 하다. 한스 작스는 종교개혁을 지지하였으며 어떻게 하면 종교개혁을 대중화시킬 수 있을지 고민한 극작가였고, 뉘른베르크에는 그의 이름이 붙여진 광장과 그의 기념비가 세워져 있다.

그의 시 〈비텐베르크의 종달새〉(Die Wittenbergisch Nachtigall)는 루터와 종교개혁운동을 지지하는 시로 알려져 있다.

『비텐베르크의 종달새』 표지

"일어나라, 아침이 다가온다!"

숲 속에서 노래를 듣는다

아름다운 종달새

너의 목소리가 산과 계곡을 타고 울린다

_ "비텐베르크의 종달새"(Die Wittenbergisch Nachtigall, 1523)

특히 한스 작스는 이 시집의 표지 그림에 '종달새'를 가운데 나무 위에 배치하였는데, 이 종달새가 '마르틴 루터'를 상징하고, 그 나무 아래 으르렁 거리는 사자는 '교황 레오 10세'(Leo PP. X)를 상징한다. 이 우화적인 그림 속에서 야생 돼지는 라이프치히에서 루터를 얀 후스(Jan Hus)에 비유하며 공격했던 요하네스 에크(Johannes Eck), 염소는 루터의 성경번역을 거부하고 수정했던 히에로니무스 엠저(Hieronymus Emser), 고양이는 비난하기를 좋아하는 동물의 상징으로 가톨릭 미사에 대한 루터의 입장을 비판했던 스트라스부르크(Straßburg)의 토마스 무르너(Thomas Murner), 당나귀는 교황의 신성한 권리를 받아들이지 않는 자는 누구나 이단자라고 선언했던 아우구스틴 폰 알벨트(Augustin von Alveldt), 뱀은 루터가 신학적인 결투를 거절한 것에 대해 적개심을 가득 품었던 요한 코흘로이스(Johann Cochläus)를 의미한다. 한스 작스는 종교개혁자인 루터를 대중적으로 문학화하는 데 크게 기여했는데, 그로부터 '위대한 독일의 개혁자 루터'라는 브랜드가 만들어졌다.

〈기도하는 손〉을 그린 화가 알브레히트 뒤러는 마르틴 루터의 종교개혁을 그림으로 알린 인물이다. 종교개혁 정신에 깊이 공감한 뒤러는 "우리가 어떤 종에게 순종해야 할지 알게 하소서"라고 기도했다. 마르틴 루터를 아끼고 사랑한 사람이었다. 루터가 바르트부르크 성에 칩거하며 누구에게도 행방을 알리지 않았던 시기에 뒤러의 일기에 담긴 또 다른 기도문은 그가 종교개혁을 얼마나 지지하는지, 루터를 얼마나 아끼는지 잘 보여준다.

"기독교 진리를 위해 루터를 당신에게 천거할 수 있도록 해 주옵소서. 저희는 그를 이 세상의 모든 부와 권력보다도 더 소중히 여깁니다. 이 세상의 모든 것은 시간과 더불어 사라져 버리지만 오직 진리만은 영원히 존재함을 믿기 때문입니다."

특히, 뒤러의 작품 중 뉘른베르크 시청에 헌정된 〈네 사도〉(Vier Apostel)는 종교개혁정신이 담긴 것으로 유명하다. 그는 네 명의 사도로 '요한, 베드로, 마가, 바울'을 그렸다. 이 그림의 중심을 잡아주는 핵심은 두 개의 성경인데, 이는 오직 말씀으로 돌아가자는 종교개혁의 요구를 그대로 보여주는 상징이다. 더 구체적인 이미지는 요한이 들고 있

네 사도(A. Dürer, 1526년 작)

는 성경을 확대해서 보아야 발견할 수 있다. 요한이 펴 들고 있는 성경 구절은 루터의 신약성경 독일어 번역본 요한복음 1장이다.

뉘른베르크는 종교개혁정신이 종교개혁운동이 되게 만든 종교개혁의 도시였다. 요한 슈타우피츠를 중심으로 종교개혁에 공감하는 훌륭한 개혁모임이 있었고, 그런 모임을 정치적, 행정적으로 뒷받침할 수 있는 뉘첼과 같은 정치인이 있었으며, 종교개혁을 민중운동으로 바꾼 극작가 한스 작스가 있었다. 또한 뉘른베르크에는 종교개혁을 독창적인 예술로 승화시킨 알브레히트 뒤러가 있었다. 비텐베르크의 루터는 뉘른베르크 사람들을 만나 종교개혁의 상징이 되었다.

뉘른베르크 돌아보기

뉘른베르크는 성곽으로 둘러싸인 도시이다. 구시가지의 중심인 중앙광장(Hauptmarkt)은 뉘른베르크의 꽃으로 불린다. 약 20m 높이의 고딕 첨탑 모양의 '아름다운 분수'라는 뜻의 쇠네브룬넨(Der Schöne Brunnen) 분수대와 성모교회(Frauenkirche)가 볼거리이다. 분수대를 장식하고 있는 40명의 인물이 신성로마제국의 권위를 상징한다. 1300년 대까지는 유대교 회당이 있던 자리에 유대인을 내쫓고 세운 성모교회와 더불어 중세의 틀을 보여주는 상징적인 건축물이라 할 수 있다.

중앙광장에서 남쪽 다리를 건너 약 700여 미터 내려가면 게르만 민족 박물관(Germanisches Nationalmuseum)이 있다. 이 박물관은 독일어권에서 가장 큰 문화역사박물관으로, 크라나흐와 뒤러의 작품을 비롯한 130만 개의 작품이 전시되어 있다.

성곽을 따라 걷다 보면, 남쪽으로는 성 로렌츠교회(St. Lorenzkirche), 북쪽으로는 뉘른베르크 황제의 성(Kaiserburg Nürnberg)을 볼 수 있다. 신성로마제국의 황제가 뉘른베르크에 들를 때마다 머물러서 황제의 성이라 불리는 이 성은 1100년에 지어진 요새로, 구시가지를 한 눈에 내려다 볼 수 있어 인기가 좋다.

뉘른베르크 성에서 나와 서쪽으로 약 300m 떨어진 곳에 화가 뒤러의 집(Albrecht-Dürer-Haus)이 있다. 1400년대에 고딕양식으로 지어진 이 집에서 뒤러는 자신의 전성기를 보냈다. 가족과 도제들과 함께 지낸 이 집에서 그는 종교개혁의 열렬한 지지자로 살았다. 2차 세계대전 때 파괴된 뒤러의 집은 여러 차례의 복원작업을 거쳐 현재 뒤러의 박물관으로 운영되고 있다.

필자 소개

김종현 목사는 2011년 8월부터 독일 프라이부르크자유성한인교회를 섬겼고, 이듬해부터 총회 파송 선교사 훈련 이수 후 독일 선교사로 활동했다. 유럽한인디아스포라를 위한 유럽새벽기도방송을 1,000회 넘게 하기도 했다. 2024년 1월부터는 청주강서교회 담임목사로 섬기고 있다. 가족으로는 아내 설공주와 세 아이가 있다.

마부르크(Marburg),
성만찬 논쟁과 최초의 개신교 대학

다시 신앙의 자유를 박탈당한 1529년 슈파이어 제국의회 결과는 종교개혁 지지자들에게는 큰 충격으로 다가왔다. 그들은 종교개혁의 동력이 꺼질지도 모른다는 위기감을 온 몸으로 느끼고 있었다. 게다가 신학적으로 일치를 보지 못하고 루터파와 츠빙글리파로 나뉘어져 갈등을 겪고 있던 개혁파들의 미래는 암울해 보였다.

마부르크 종교회담(Das Marburger Religionsgespräch)

큰 위기를 느낀 헤센의 영주 필립(Philipp I . von Hessen)은 1529년 가을에 마부르크 성(Marburger schloss)으로 개혁자들을 불러모았다. 당시 필립은 작센의 선제후 프리드리히(Friedrich III. der Weise von Sachsen)와 더불어 개혁을 지지하는 가장 영향력 있는 영주였다. 이미 위기를 느끼고 있던 종교개혁의 핵심 신학자들이 비텐베르크, 취리히, 그리고 스트라스부르크 등에서 모여들었다. 루터파에서는 루터와 멜란히톤, 그리고 부겐하겐 등이, 츠빙글리파에서는 츠빙글리와 외코람파트(Johannes Oekolampad)가 참여했다. 마르틴 부처 등은 두 세력의 연합을 간절히 바라며 중재하는 입장으로 참여했다. 이렇게 개혁세력들이 한자리에 모이게 되자 마부르크 전체가 개혁파들의 신학적 일치에 대한 새로운 가능성으로 들떴고 마부르크 성은 종교개혁의 상징처럼 보일 정도였다. 그렇게 모인 개혁 지지자들은 10월 1일부터 4일까지 마부르크 종교회담을 진행하였다. 이 회담을 통해 작성된 마부르크 조항(Marburger Artikel)은 루터와 츠빙글리가 함께 서명한 유일한 신앙고백 문서일 뿐만 아니라 전체 개신교의 유일한 신앙고백 문서가 되었다. 하지만 이 회담에서는 그동안 논쟁이 되었던 14개조의 모든 문제에서 합의를 보았음에도 불구하고, 마지막 15번째 조항인 성만찬에 관한 논쟁

마부르크 성

에서 의견이 엇갈리면서 독일 북부의 루터파와 독일 남부와 스위스의 츠빙글리파가 결별하는 결과를 낳았다. 츠빙글리는 두 해 뒤인 1531년 제2차 카펠전투(Kappelerkrieg)에서 사망함으로써 분열을 치유할 기회마저 잃게 되었다.

성만찬 논쟁

당시 성만찬 논쟁의 핵심은 성찬 중에 그리스도가 어떤 식으로 임재하는가에 관한 것이었다. 루터와 츠빙글리 사이의 성만찬 논쟁은 이미 오래 전에 시작되었다. 두 사람은 1521년부터 이미 수 년째 서로 논문과 서신을 통해 라틴어와 독일어로 신학적 문제에 대해서 논쟁을 해왔다. 급기야 1527년에 이들은 성찬에 대한 치열한 논쟁의 중심에 있었고 루터 지지자들과 츠빙글리 지지자들 사이에는 점점 더 과격해지고 심각한 비난이 이어졌다. 루터는 츠빙글리에게 이단이라는 용어를 사용하는 것도 서슴지 않았다. 이는 1529년 슈파이어 제국의회를 거치며 종교개혁 세력의 가장 큰 어려움과 위협요소가 되기에 충분했다.

루터가 주장한 것은 공재설(Konsubstantiation)이었다. 예수께서 아무런 수사도 없이 "이것은 내 몸이다"(Hoc est corpus meum)라고 말씀하셨다면, "~이다"라는 est를 비유나 상징으로 해석해서는 안 된다는 것이었다. 그래서 루터는 떡과 포도주는 물질이지만 성찬이 진행되는 동안 떡과 포도주 안에(in), 아래(unter), 그리고 떡과 포도주와 더불어(mit) 그리스도 예수의 참된 살과 피가 임재한다고 주장했다. 반면 츠빙

성만찬 논쟁(C. K. August Noack, 1867년 작)

글리는 기념설(Memorialismus)을 주장하며, est를 비유적(typologisch)
인 것으로 이해했다. 성만찬 제정의 말씀을 상징으로 보아야 하고, 성찬
에 참여하는 신자들은 예수 그리스도의 수난과 은혜를 기억하고 기념해
야 한다고 주장했다.

　　다른 모든 것에 합의와 일치를 이루었지만, 성만찬 논쟁만은 3일째가
되는 10월 3일까지도 서로의 입장 차이만을 확인했다. 필립은 개혁세력
의 위기 앞에서 두 세력이 갈라지는 것을 피하기 위해 모든 노력을 기울
였다. 10월 4일 양측은 할 수 있는 한 최대의 합의를 위한 신앙고백 조
항들을 써 내려갔다. 이로써 니케아 고백, 기독론, 성육신, 부활, 승천,
원죄, 구원, 칭의, 성령, 세례, 고백, 유아 세례 등 지금까지 논란이 되었
던 모든 안건에 대한 일치와 합의를 이끌어냈다. 하지만 마지막 안건인

성만찬에 관한 것은 결국 합의에 이르지 못했다. 마부르크 조항의 마지막 15개조에는 이렇게 적혀 있다.

"그리스도의 몸과 피의 만찬에 대하여: 열 다섯째, 우리 모두는 우리의 사랑하는 주 예수 그리스도의 성찬에 대하여 다음을 믿고 말한다. 그리스도께서 제정하신 대로 두 가지 형태(빵과 포도주)가 사용되어야 하며, 제단의 성례는 예수 그리스도의 참된 몸과 피의 성례이다. 이 몸과 피를 영적으로 누리는 것은 모든 그리스도인에게 특별히 필요하다. 말씀과 동일하게 성례를 행하는 것은 전능하신 하나님이 명령하신 것으로, 약한 양심이 성령을 통해 믿음으로 나아가게 한다. 그리고 우리는 그리스도의 참된 몸과 참된 피가 육체적으로 빵과 포도주 안에 있는지에 대해 일치를 보지 못했다. 그럼에도 각 파는 양심이 허락하는 한, 다른 파에게 그리스도의 사랑을 보여야 하고, 하나님께서 우리로 하여금 그의 영으로 바르게 이해하게 하시도록 전능하신 하나님께 기도해야 한다."

합의문은 정제되고 호소력 있게 쓰여졌다. 거친 논쟁에도 불구하고 파국만은 면하자는 서로의 노력이 그대로 반영되었다. 하지만 안타깝게도 그들이 서로 각자의 자리로 떠난 이후, "일치를 보지 못했다"는 문장만이 살아남았다. 그렇게 루터 지지파와 츠빙글리 지지파는 더 이상 한 자리에서 만날 기회도, 마지막 문장처럼 서로를 사랑할 기회도 갖지 못했다. 츠빙글리의 죽음은 남부 개혁세력을 더욱 움츠러들게 만들었다. 루터의 북부 개혁세력은 숨을 고르고 움츠려야만 했다.

마부르크 대학(Philipps–Universität Marburg)

마부르크는 대학을 말하지 않고는 생각할 수조차 없는 도시이다. 마부르크 대학은 루터의 종교개혁이 시작된 후 루터를 지지했던 헤센의 영주 필립에 의해 1527년에 세워진 최초의 개신교 대학이다. 마부르크에서 태어나고 통치하던 필립은 1521년에 보름스 제국의회에서 루터를 처음으로 알게 되었고 루터의 가르침에 매료되었다. 헤센에서는 1524년에 종교개혁의 가치를 적용하기 시작했고 루터가 가르친 규정들을 실행하기 시작했다. 1526년 1차 슈파이어 제국의회에서 각 제후와 영주의 결정에 따라 신앙을 자유롭게 선택할 수 있다는 결정이 나자, 그는 헤센에 있는 수도원들을 해체시켰다. 수도원 해체로 얻어진 수

마부르크 대학

입은 1527년 종교개혁정신으로 세워진 최초의 개신교 대학을 위한 자금이 되었다. 신학과 의학으로 시작한 마부르크 대학에는 독일 최초로 약학과가 개설되기도 했다. 현재 시 전체 인구 70,000여 명 중 학생이 25,000여 명에 이르는 대학도시이다. 처음 만들어진 옛 대학 건물은 현재 신학부로 운영되고 있어 첫 개신교 대학으로서의 가치를 보여주고 있다.

마부르크 돌아보기

마부르크 돌아보기는 당시 중산층의 거주지였던 오버슈타트(Ober-stadt)에서 시작하는 것이 좋다. 오버슈타트의 시장광장(Marktplatz)에 옛 시청사(Das Historische Rathaus)가 있다. 1512-1527년에 지어진 시청사와 시장 광장 주위의 중세 가옥들은 당시 도시생활을 잘 보여준다. 지금도 시의 공식 결혼식장으로 사용되는 옛 시청사의 고전적인 아름다움은 마부르크를 잘 보여주는 듯하다. 옛 시청사를 뒤로하고 광장 왼쪽 모서리의 집에는 이런 현판이 걸려있다. "여기 마르틴 루터 박사가 1529년에 살았다." 성으로 올라가기 전에 몇 시간 정도 머물렀던 집에 이런 현판이 걸려 있는 것을 보면, 마부르크에서 루터가 상당히 유명한 인물임은 분명하다.

시청사를 정면으로 바라보면서 왼쪽 계단으로 약 200m 정도를 내려가면 옛 대학(Alte Universität)이 있다. 수도원이었던 곳이 개신교 첫 대학의 출발점이 되었고 지금도 여전히 신학부와 대학교회가 자리하고 있다. 옛 대학에서 다시 옛 시청사를 지나 가파른 언덕길을 약 500m 오르면 오버슈타트 맨 꼭대기에 영주 필립이 거주하던 마부르크 성 (Marburger Schloss)이 나온다. 이곳에서는 중세 도시의 모습을 그대로 간직하고 있는 마부르크 도시를 한 눈에 내려다 볼 수 있다. 12세기에 공사가 시작되어 16세기에 제 모습을 갖추게 된 마부르크 성 2층에서 성만찬 논쟁이 벌어졌다. 2층 현장에 서면 함께 숨결을 느끼는 듯한 감동이 몰려온다. 당시 회담 장면이 그림과 설명으로 전시되어 있다.

성 뒤편에서 내려다 보이는 성 엘리자베스교회(St. Elisabethkirche)도 돌아보면 좋을 듯하다. 남편인 튀링엔의 영주가 십자군 전쟁에서 사망한 후 마부르크로 와서 24세의 짧은 생을 마감하기까지 헌신했던 엘리자베스를 기념하기 위해 만든 교회이다. 13세기 고딕양식의 진수를 보여주지만, 건물보다는 한 여인이 가르쳐 준 섬김의 의미를 찾는 것이 더 뜻 깊은 것이다.

필자 소개

서은성 목사는 2008년부터 독일 한인 여성 사역(세계 한민족 여성 네트워크 독일 지부)을 약 5년간 담당해 왔다. 현재 뒤셀도르프 디아코니에서 주관하고 있는 이주민과 피난민을 위한 프로그램(Welcome Point)에 참여하고 있으며, 2019년부터 독일 사회복지 기관인 아보(AWO, Arbeiterwohlfahrt Düsseldorf e.V.)의 아동과 청소년 문제아를 위한 팀에서 일하고 있다. 또한 2023년 1월부터 가톨릭 교육 포럼(ASG—Bildungsforum)에서 한국어를 가르치고 있다. 취미로 플룻을 배우고 있으며 뒤셀도르프 요하네스교회 합창단원으로 활동하고 있다. 가족은 독일에서 작곡을 전공한 남편과 피아노를 전공한 아들이 있다.

아우크스부르크/코부르크(Augusburg/Coburg), 논쟁과 고백

아우크스부르크

독일 남부 바이에른에 속한 아우크스부르크(Augsburg)는 주전 15년 로마황제 아우구스투스(Augustus)의 군단에 의해 로마의 식민지로 건설 되었다. 세계 최초의 사회복지시설인 푸거라이(Fuggerei)로 유명한 아 우크스부르크는 독일에서 가장 오래된 도시 가운데 하나이며 교회사에 서도 의미 있는 역사를 간직한 도시이다. 루터의 신학과 신앙을 28개조 로 압축한 루터교의 기본교리인 '아우크스부르크 신앙고백'(Confessio Augustana, 1530)이 만들어졌고, 신성로마제국 내의 모든 영주가 신 교와 구교 가운데 하나를 선택할 수 있도록 함으로써 사실상 모든 사 람에게 종교의 자유를 보장한 '아우크스부르크 평화협정'(Augsburger Religionsfrieden, 1555)이 채택된 곳이 바로 이곳 아우크스부르크이다.

특별히, 아우크스부르크 평화협정은 이 도시를 화합과 일치, 그리고 평화의 도시로 자리잡게 했다. 그래서일까, 보름스 종교개혁 기념비의 아우크스부르크를 상징하는 여신은 평화를 상징하는 종려나무 가지를 안고 있다.

루터의 아우크스부르크 방문

아우크스부르크와 루터의 직접적인 관련은 추기경 카예탄(Thomas Cajetan)과의 논쟁에서 찾을 수 있다. 1517년 10월 31일, 루터가 비텐베르크 성교회 출입문에 게시한 95개 논제는 신학자들과 학생들에게 면죄부에 대한 오류를 고발하고 토론하기 위한 의도로 작성되었다. 하지만 95개 논제가 널리 퍼지면서 파문이 확대되었다. 교황청은 루터의 문제를 수도회가 자체적으로 해결하기 원했다. 그러나 하이델베르크에서 열린 아우구스티누스 수도원 총회에서 루터 관련 문제를 해결하지 못하자, 교황은 도미니칸 수도회 소속의 당대 뛰어난 신학자였던 카예탄을 통해 루터를 심문하도록 했다.

1518년 8월에 교황의 교서가 카예탄 추기경에게 전달되었다. 루터를 즉시 로마로 소환하라는 교황청의 강력한 지시가 담긴 교서였다. 또한 루터가 자원하여 참회하면 관용을 베풀어 용서받을 수 있지만, 그렇지 않은 경우에는 루터를 제국 전체에서 공개적으로 영원히 추방할 수도 있다는 내용도 그 안에 있었다. 카예탄은 루터의 대리인으로 의견을 주고 받는 선제후 프리드리히에게 아버지의 태도로 루터를 부드럽게 대할 것과 루터의 안전을 보장할 것을 약속했다.

　루터는 아우크스부르크로 가는 도중에 장염으로 사경을 헤매기도 했고, 반대 세력으로부터 비난을 받기도 한 끝에 1518년 10월에 아우크스부르크에 도착했다. 루터가 아우크스부르크에 도착했을 때, 95개 논제에 대한 논쟁은 이미 도시 전체에 화제가 되어 있었다.

카예탄과의 논쟁

　1518년 10월, 카예탄과의 첫 만남에서 루터는 최대한 경의를 표하며 그의 앞에 엎드렸다. 카예탄은 다정하게 루터를 일으켜 세우며 세 가지를 요구했다. 스스로의 오류를 취소할 것, 앞으로 잘못된 교리를 더 이상 대변하지 않겠다고 약속할 것, 그리고 교회를 혼란하게 할 수 있는 모든 것을 단념할 것이었다. 특히 카예탄은 신자가 확신을 가지고 하나님의 은총의 언약을 믿을 때에 그에게 칭의의 은총이 주어진다는 루터

카예탄과 논쟁하는 루터(아우크스부르크 성 안나교회)

의 주장은 잘못된 것이라고 강조했다. 그는 신자가 교회의 매개를 통해서만 구원을 확신할 수 있다고 믿었기 때문이다. 루터와 카예탄 사이에 끝없는 설전이 오고 갔으며, 루터가 생각할 시간을 요청하면서 첫날 면담이 끝났다.

두 번째 만남에서 루터는 자신이 주장했던 것들을 철회할 용의가 없음을 분명히 했고, 세 번째 만남에서 자신의 의견을 정리한 문서를 제출했다. 이 문서에서 루터는 성경에 근거하여 오직 믿음을 통한 칭의론을 주장하였다. 교황이 최종 성경해석의 권위를 가지고 있으며 공의회 등 모든 교회의 권위 위에 있다고 주장하는 카예탄과 성경이 모든 것의 최종권위라는 루터의 주장은 팽팽하게 맞섰다. 결국 카예탄은 루터를 파문하겠다는 위협과 함께 이렇게 권했다.

> "레보코(Revoco, 나는 철회합니다). 그대는 이렇게만 말하면 된다네. 얼마나 쉬운 일인가! 단지 6개의 철자(R.E.V.O.C.O)로 그대의 목숨을 구할 수 있단 말일세. 진심으로 그대에게 충고하건대, 만약 그리 아니하면 그대는 교회의 적이 되고 말 것이네."

루터는 "레보코"라는 단어를 말할 수 없었고, 카예탄과의 논쟁은 그렇게 끝이 났다. 사람들은 루터가 체포될 것을 염려했다. 아우크스부르크의 모든 성문들마다 삼엄한 경계가 펼쳐지고 있었다. 신변에 위협을 느낀 루터는 아우크스부르크에 온 지 두 주 만에 우호적인 시민들의 도움으로 아우크스부르크 성을 몰래 빠져나와 비텐베르크로 돌아갔다. 루터는 큰 두려움 가운데 아우크스부르크로 발걸음을 옮겼지만, 대적 앞에 섰을 때에는 오직 살아 계신 하나님의 말씀에 대한 확신으로 결코 물러서지 않는 용기를 보여주었다. 이후 루터는 아우크스부르크에서 보여준 불굴의 용기를 보름스에서 다시 한번 보여주게 된다.

아우크스부르크 신앙고백과 아우크스부르크 평화협정

이후 아우크스부르크에서는 종교개혁 역사에서 빼 놓을 수 없는 중요한 두 가지 사건이 이어진다. 1530년의 아우크스부르크 신앙고백과 1555년의 아우크스부르크 평화협정이 그것이다.

종교개혁이 시작되고 13년이 지난 1530년에 황제에 의해 아우크스부르크 제국의회가 소집되었다. 선제후들과 신학자들은 아우크스부르크 제국의회에서 루터를 지지하는 이들에게 일정한 자유와 화해가 이루어질 것을 기대했다. 온건한 개혁자로 알려진 멜란히톤이 루터 대신 회의에 참석하게 되자, 황제 카를 5세는 그로 하여금 신앙고백서를 작성하게 하여 루터 지지파와 가톨릭 사이의 공통점을 부각시키려는 계획을 세웠다. 그리하여 멜란히톤을 중심으로 요나스(Justus Jonas), 슈팔라틴(Georg Spalatin), 그리고 요하네스 아그리콜라(Johannes Agricola)가 참여하여 당시 루터 지지파의 가장 중요한 신앙고백서이자 종교개혁의 가장 중요한 문서 중 하나인 아우크스부르크 신앙고백(Confessio Augustana)이 만들어지게 되었다. 28개조로 이루어진 아우크스부르크 신앙고백은 개혁신앙의 규범을 설명하고 있는데, 그 어조는 부드러웠지만 신학적 내용은 흔들리지 않는 견고함을 유지하고 있었다. 자신의 의도대로 되지 않았던 황제는 태도를 바꿔 가톨릭 신학자들로 하여금 반박문을 쓰게 하고 자신도 개혁세력에 적대적 태도를 취하게 되었다. 1529년 3월의 슈파이어 회의와 같은 해 10월의 마르부르크 회의에서 개혁자들의 결별, 그리고 1530년의 아우크스부르크의 상황까지, 루터 지지자들은 점점 어려운 환경으로 내몰리게 되었고, 그들은 슈말칼덴 동맹을 통해 다시 한번 결집하게 된다.

다시 25년이 지났다. 종교개혁은 수많은 파도를 맞았다. 때로는 그 파도를 넘었고 때로는 파도 앞에 휩쓸려갔다. 많은 사람이 죽었고, 또 이름을 남겼다. 종교개혁의 중심에 섰던 루터도 1546년 자신이 태어난 아이스레벤(Eisleben)에서 죽음을 맞이했다. 1550년 이후 황제 카를 5세는 자신이 추진했던 정치적 실패로 어려움을 겪게 된다. 개신교 전쟁 연합인 슈말칼덴 동맹은 복구되었고 황제는 패배했다. 힘을 잃은 황제는 더 이상 군사를 일으키기 어려웠고, 개혁지지동맹은 더 이상의 전쟁을 원치 않았다. 1555년에 교황 측과 개혁지지세력 측의 회의가 아우크스부르크에서 열렸다. 그리고 마침내 "제후의 영지 내에서는 제후의 종교를 따른다"(cuius regio, eius religio)는 내용이 담긴 아우크스부르크 평화협정이 체결되었다. 개신교 제후들과 자치 도시들은 종교의 자유를 얻었고 신성 로마 제국 내의 종교 전쟁은 종식되었다. 고향인 네덜란드에 은거해 있던 카를 5세는 아우크스부르크 평화협정 체결을 반대했지만, 결국 조약이 체결되자 충격을 받아 이듬해 퇴위를 선언하고 수도원에서 은둔한 채 여생을 보낸 것으로 전해진다.

코부르크의 루터

1530년 아우크스부르크 제국의회가 열리는 동안 루터는 안전을 보장받지 못했다. 게다가 악화된 건강은 치열한 토론과 신앙고백 작업을 수행할 수 없을 정도였다. 루터는 아우크스부르크와 가까운 도시 코부르크(Coburg)에 머물면서 제국의회의 진행 과정을 듣고 멜란히톤을 통해 자신의 의견을 전하는 방법으로 관심을 나타냈다.

1530년 4월부터 10월까지 코부르크 성(Veste Coburg)에서 머무는 6개월 동안 루터는 많은 편지를 써서 아우크스부르크로 보냈다. 그의 관심은 온통 제국의회에 쏠려 있었고, 자신을 지지하는 제후들과 신학자

코부르크 성 안에 있는 루터의 방

들에게 의견을 낼 수 있는 것을 기뻐했다. 하지만 아우크스부르크 신앙고백은 루터의 생각과 가르침에는 못 미치는 것이었다. 루터의 종교개혁 신학을 총정리한 고백서로 불리기는 하지만, 후에 루터는 그 내용과 형식에 큰 아쉬움을 표하기도 했다.

루터가 코부르크에서 보낸 날들은 독서와 연구의 시간이기도 했다. 그는 코부르크에서 구약의 예언서를 일부 번역했고 시편 주해에 심혈을 기울였다. 이때 기록된 시편 주해는 루터가 얼마나 탁월한 주석가였는지를 잘 보여준다. 뿐만 아니라 코부르크에서 쓴 100여 통의 편지는 신학적 사료로서 큰 가치를 인정받고 있다. 그 외에도 루터는 하인리히 슈타인회벨(Heinrich Steinhöwel)이 시작하였으나 미완으로 남아 있던 이솝우화의 독일어 번역을 마무리했다. 코부르크에서 루터는 악화된 건강에도 불구하고 그의 열정을 불태우고 있었다.

아우크스부르크와 코부르크 돌아보기

아우크스부르크 돌아보기는 바로 아우크스부르크 시청사(Augsburger Rathaus)에서 시작해 보자. 17세기에 세워진 아우크스부르크 시청은 57m 높이의 건축물로 알프스 이북의 르네상스 건축물 중에서 가장 유명한 것 중 하나이다. 시청사는 그 왼쪽에 세워진 감시 탑인 페어라흐 시계탑(Perlachturm)과 함께 현재 아우크스부르크의 랜드마크로 불리고 있다.

시청사에서 남서쪽으로 약 350m 떨어진 곳에 성 안나교회(St. Anna Kirche)가 있다. 성 안나교회는 1321년에 갈멜수도원(Karmelitenkloster)으로 세워졌지만 현재는 개신교 교회로 사용되고 있다. 루터와 카예탄의 논쟁이 벌어진 곳이기도 하다. 1525년 이종배찬(Utraquis)이 처음 시행되면서 아우크스부르크 종교개혁의 중심이 되었다. 성 안나교회에는 '루터의 계단'이라 불리는 2층으로 올라가는 계단에 루터전시관이 있다. 작은 교회지만 정면의 오르간이 인상적이다. 성 안나교회 외벽에 설치된 두 개의 기념판(루터가 머물렀다는 기념판과 1999년 가톨릭과 루터교 사이에 성사된 칭의론에 대한 공동선언 합의 기념판)은 시간 속에 완성된 종교개혁의 가치를 느낄 수 있다.

다시 시청사로 되돌아가 동쪽으로 약 500m 정도 걸으면 16세기의 역사적 기록이 남은 거주시설 푸거라이(Fuggerei)를 볼 수 있다. 신성로마제국을 돈으로 살 수 있을 만큼 재력을 가졌다는 푸거 가문은 황제의 타락과 면죄부가 확대되는 빌미를 제공하기도 했다. 그런 푸거가 당시의 1라인굴덴(Rhenish gulden, 당시 상인의 일주일 수입)만 있으면 가난한 사람들이 1년을 살 수 있는 빈민구호시설을 만들었다니 아이러니가 아닐 수 없다.

코부르크에 가면 루터가 머물렀던 요새인 코부르크 성(Veste Coburg)을 반드시 방문해 보자. '루터의 방'에는 루터가 사용하던 탁자가 놓여 있으며, 아우크스부르크 제국의회의 회의 장면 그림들과 여러 가지 전시물이 비치되어 있다. 벽에는 루터가 그곳에서 주해한 시편 118편 7절

말씀이 적혀 있다. "내가 죽지 않고 살아서 여호와께서 하시는 일을 선포하리로다." 그 외에도 루터의 그림이 새겨진 고서적이나 크라나흐의 성경 등이 전시되어 있다.

필자 소개

정수길 목사는 2016년 5월 총회 파송 선교사가 되어 우크라이나 키이우 은혜와진리신학교의 독일 신학 집중 강좌 코디네이터로 2년 반 동안 섬겼다. 한인교회가 세워지기 어려운 곳에 교회를 세우려는 사명을 안고 2019년 3월 바이로이트한인교회를 개척하여 오늘에 이르고 있다. 가족으로는 한국에서 25년 간 국어를 가르친 오선숙 선교사와 요리를 좋아하여 독일에서 요리사로 일하는 두 아들 휘제와 휘준이가 있다. 취미는 수영과 트럼펫 연주이다.

슈말칼덴(Schmalkalden),
작지만 큰 역사의 장소

종교개혁은 하루 아침에 이루어지지 않았다. 루터 전에도 개혁자들이 있었고 그의 당대에도 많은 동역자들이 있었다. 루터 후에도 개혁은 진행되었다. 개혁에는 사람이 필요했고, 조직이 필요했으며, 시간이 필요했다. 루터의 종교개혁이 어느 정도 진행되어 가면서 가톨릭에 대한 개혁세력의 조직적, 군사적 대응이 불가피해졌다.

1529년에 열린 2차 슈파이어 제국의회에서 다시 루터파(Lutherisch)에 대한 종교적 자유를 철회하는 결정이 내려지면서 개혁세력은 일정 부분 획득했던 종교의 자유를 다시 잃게 되었다. 이런 위기를 극복하기 위해 같은 해에 종교개혁 세력들이 모인 마부르크 종교회담(Marburger Religionsgespräch)에서는 대다수의 논제에서 합의를 이루었지만, 성만찬 논쟁(Abendmahlsstreit)으로 더욱 깊은 상처를 안고 흩어지게 되었다.

이듬해 열린 아우크스부르크 제국의회(Reichstag zu Augsburg)의 결과도 개혁세력의 입지를 더욱 약하게 만들었다.

1차 슈말칼덴 동맹(Schmalkaldischer Bund)

종교개혁의 불길이 꺼지느냐 계속 살아나느냐 하는 기로에서 종교개혁 세력의 조직적인 연대가 슈말칼덴(Schmalkalden)에서 진행되었다. 1531년 2월, 헤센의 영주 필립과 작센의 선제후 요한 프리드리히 1세(Johann Friedrich der Großmütige)가 주도한 슈말칼덴 동맹이 결성된 것이다. 이로써 슈말칼덴은 "작은 도시지만 큰 역사를 가진 도시"(Kleine Stadt mit großer Geschichte)가 되었다.

시청사 안에 있는 루터 흉상과 슈말칼덴 동맹지의 문장들

무명의 작은 마을이었던 슈말칼덴은 종교개혁의 양대 세력인 작센과 헤센이 만나기 쉬운 중간 지점이었기 때문에 회의 장소로 선택되었고, 이후 그곳에서 총 8회에 걸친 동맹회의가 열렸다. 그들은 황제가 공격할 경우 6년 동안 서로 군사적 원조를 하기로 약속하였는데, 이 동맹에 참여한 도시는 안할트(Anhalt), 막데부르크(Magdeburg), 브레멘(Bremen), 포메른(Pommern), 아우크스부르크(Augsburg), 하노버(Hannover), 함부르크(Hamburg), 프랑크푸르트(Frankfurt am Main), 켐프텐(Kempten), 뷔르템베르크(Württemberg), 스트라스부르크(Strassburg) 등으로 대부분 지금의 독일 전역에 걸쳐 있었다.

이후 통치권 강화를 시도했던 황제 카를 5세의 정책이 실패하며 슈말칼덴 동맹은 영국과 가톨릭 지역의 호의를 얻게 된다. 게다가 잠시 잠잠했던 오스만 제국의 공격이 다시 시작되면서 카를 5세는 제후들의 도움이 절실해졌고 종교개혁 세력과의 평화도 필요했다. 황제는 1532년 7월 23일 '뉘른베르크 유예'(Nürnberg Anstand)를 선포함으로써 슈말칼덴 동맹을 인정하고 공의회가 있기까지는 모든 종교문제에 대한 판결과 무력행위를 중지하도록 하였다. 하지만 이는 잠시의 휴전이었고 이후 이어진 여러 차례의 화해를 위한 회의에서는 종교개혁을 지지하는 슈말칼덴 세력과 교황을 지지하는 가톨릭 세력 간의 갈등이 계속되었다. 황제는 한동안 프랑스-오스만 제국 연맹군과의 전투로 인해 슈말칼덴 동맹에 대한 적절한 조치를 취할 여력이 없었고, 그 사이 독일 내에서 종교개혁 지지파는 꾸준히 그 세력을 확장하였다.

성 게오르크교회와 시청(슈말칼덴 동맹의 주 회합 장소)

하지만 1545년 프랑스-오스만 제국과의 다툼이 그치자 황제는 프로테스탄트 문제에 다시 집중하기 시작했다. 그는 개신교측 제후들에게 트리엔트 공의회(Concilium Tridentinum, 1545년 시작하여 1563년까지 세 차례에 걸쳐 모임)에 참석할 것을 요구하였으나 제후들이 이를 거절하자 1546년 2월 루터의 죽음 직후 군대를 일으키게 되는데, 이것이 1차 슈말칼덴 전쟁(1546-1547)이다. 이 전쟁에서 슈말칼덴 동맹은 우세한 병력에도 불구하고 동맹 내의 불화와 작센 공의 배신 등으로 대패하고 만다.

2차 슈말칼덴 동맹

이후 황제의 권력은 절정에 이르게 되고, 1548년 아우크스부르크 의회에서 임시 해결책인 '아우크스부르크 임시 평화협정'(Augsburger Interim)을 선포하였다. 개신교도들에게는 사제결혼과 성찬식에서 평

신도에게 잔을 주는 것 등 일부가 허용되었지만, 그들은 반종교개혁
(Counter Reformation)의 일환으로 시작된 트리엔트 공의회가 끝날 때까
지 대부분 가톨릭의 가르침을 지켜야만 했다. 이것은 개신교인을 가톨
릭으로 개종시키려는 전략이었다. 결국 이러한 잠정중재안은 양쪽 어느
누구에게도 만족을 주지 못했다.

카를 5세는 자신의 의도와는 달리 개신교도들의 개종이 이루어지지
않자 1550년 '피의 칙령'(Bloedplakkaat)을 내려 잔혹한 탄압을 시작했
고, 이에 대항하여 슈말칼덴 동맹이 다시 부활하게 되었다. 작센의 선제
후 프리드리히 1세(Johann Friedrich der Großmütige)가 태도를 바꾸어
다시 동맹에 가담하게 되고, 독일 신교도 제후들과 가톨릭 국가였던 프
랑스의 앙리 2세(Henri II) 간에 반(反) 합스부르크 연합까지 체결되면
서 개신교 세력은 그 힘을 회복하게 되었다. 황제는 이렇게 다시 시작된
제2차 슈말칼덴 전쟁에서 패배하고 황제의 실권을 상실하고 말았다. 종
교 전쟁에 지친 가톨릭 제후들은 다시 군대를 소집한 황제의 명령을 따
르지 않았고 개신교 제후들도 더 이상의 전쟁을 원하지 않았다. 양측은
1552년 8월 파사우 조약(Der Passauer Vertrag)을 맺고 화해했으며 마침
내 1555년에 아우크스부르크 평화협정(Augsburger Religionsfrieden)이
체결된다.

슈말칼덴 신조(Schmalkaldische Artikel)

1530년 아우크스부르크에서 열린 제국의회에서 황제는 멜란히톤

(Melanchthon)의 '아우크스부르크 신앙고백'을 통해 개혁진영과 가톨릭 신학의 공통점을 부각하려 했지만 실패했다. 당시 루터는 건강이 악화되었을 뿐만 아니라, 생명에 대한 위협으로 참석하지 못했다. 멜란히톤의 신앙고백은 루터의 신학을 압축한 것이기는 했지만 루터는 완전하게 동의하지 못했다. 이후 교황청이 1537년 이탈리아 북부 지역인 만토바(Mantova, 독일어: Mantua)에서 공의회를 소집하는 등 개신교 탄압의 기미를 보이게 되자 개혁자들은 새로운 신앙고백이 필요하게 되었다. 그에 따라 루터가 슈말칼덴에서 부겐하겐, 멜란히톤과 함께 프로테스탄트의 교리를 정리하게 되는데, 이것이 슈말칼덴 신조이다. 심한 담석증으로 고통을 호소하던 루터가 남긴 역작인 슈말칼덴 신조는 아쉽게도 동맹 내에서조차 채택되지 않았다. 하지만 이 신조는 종교개혁의 나침반이 되었고, 사후에 루터의 '신앙고백서'에 포함되었다.

루터가 머물며 집필하던 집

독일에서 공부한 바 있는 김인주 목사는 슈말칼덴 동맹의 한계를 다음과 같이 지적한다.

"시간이 흐를수록 개혁의 본뜻은 사라지고 제후들은 여러 가지 세속적인 야욕을 그대로 노출시켰다. 헤센의 필립은 이중결혼을 통하여 개혁진영의 도덕성을 크게 실추시켰다. 작센의 공작 모리츠는 황제와 비밀리에 협상하여 전쟁에 불참하는 대신 선제후 직위를 약속 받았다."

이렇듯, 개혁 세력에게 더 높은 도덕성이 요구된다는 점은 예나 지금이나 동일한 듯하다.

물론 슈말칼덴 동맹은 많은 문제점과 한계를 드러내기도 했지만 그럼에도 분명히 배울 수 있고 배워야만 하는 교훈이 있다. 개혁은 결코 유력한 개혁자 한 사람의 힘으로 진행되는 것이 아니라는 것이다. 조직적 연대가 필요했고, 심지어 전쟁까지 치러졌다. 종교개혁은 결코 낭만이 아니다. 분명한 신앙 양심은 이 땅 삶의 한 복판에서 지속적, 조직적으로 구체화되어야만 한다. "하늘에서 이루어진 것처럼 땅에서도 이루어지게 하소서!"

슈말칼덴 돌아보기

약 2만여 명의 주민이 사는 작은 도시 슈말칼덴은 튀링엔 숲의 햇볕이 잘 드는 쪽에 위치하고 있다. 복원된 중세전통가옥(Fachwerkhaus)이 아름다운 이 마을은 역사, 예술, 자연 애호가들에게 사랑받는 여행지이다. 구시가지에는 꿈 속에서 만날 것 같은 아담한 골목들을 따라, 형형색색 멋지게 복원된 목골조가옥, 돌로 만든 정자가 있는 광장, 마르틴 루터가 슈말칼덴 신조를 발표한 후기 고딕 양식의 성 게오르크교회(Stadtkirche St. Georg)가 옹기종기 모여 있다. 교회를 나와 예쁜 골목길로 약 250m쯤 떨어진 곳에 루터하우스(Lutherhaus)가 있다. 1537년 2월 약 한 달여간 머물렀던 전통 목골조가옥으로 루터와 멜란히톤의 유물이 전시되어 있다. 루터는 식사를 하며 식탁에서 이야기 나누기를 즐겼다. 인터넷으로 예약하면 루터가 머물렀던 2층에서 루터의 『탁상담화』를 체험해 보는 시간을 가질 수 있다.

루터하우스에서 약 2분 거리, 100m 옆에는 그림 같은 구시가지 위에 위풍당당하게 우뚝 솟아있는 성이 있다. '르네상스의 진주' 라고도 불리는 빌헬름스부르크 성(Schloss Wilhelmsburg)이다. 1585년에서 1590년 사이에 지어진 이 성은 거의 완벽하게 보존된 내, 외관의 장엄한 벽화 및 치장 벽토작업으로 인해 독일의 르네상스 성 중에서 특별한 보석으로 불리운다.

그 외에도, 이 작은 도시에서 초콜릿을 비롯한 크고 작은 맛난 먹거리와 볼거리를 함께 즐길 수 있는 카페 레스토랑 '비바 누가 월드'(Viba Nougat Welt), 이 마을의 역사와 변화를 원예적 관점으로 멋지게 보여주는 베스트엔트공원(Westendpark), 만 개가 넘는 밀랍 인형이 살아 있는 듯한 미니어처 피규어 박물관(Historicum Zinnfigurenmuseum) 등을 여유 있게 돌아보자.

필자 소개

손교훈 목사는 2002년 말 총회 파송 선교사로 독일에 와서 함부르크한인교회에서 5년간, 2007년 말부터는 카이저스베어터 디아코니(Kaiserswerther Diakonie)에 자리한 뒤셀도르프선교교회에서 17년째 섬기고 있다. 그 외 장애인선교단체인 밀알 독일 단장, 유학생수련회인 유럽코스타 상임대표 등으로도 섬긴다. 2017년에는 풀러신학교에서 『재독 한인디아스포라교회의 선교동력화 연구』라는 제목으로 선교목회학 박사 논문을 썼다. S-pen으로 그림 그리기, 이런저런 악기 다루기 등의 취미를 갖고 살아간다. 가족은 아내 김성희 선교사와 두 아들 민해(미대 졸업 후 전업 화가), 민주(IT회사 근무)가 있다.

할레(Halle),
나중 되었지만 먼저 된 도시

기독교 역사에는 '먼저 된 자가 나중 되고, 나중 된 자가 먼저 되는' 일들이 있다. 신약성경에 나오는 바울이 그렇다. 그는 처음에 교회를 박해하던 사람이었지만, 나중에 사도가 되어 기독교 역사에서 아주 중요한 사람이 되었다. 종교개혁의 역사에서 할레(Halle an der Saale)도 그러하다. 처음에 할레는 종교개혁의 중심이었던 비텐베르크와 대척점에 서있는 도시였다. 면죄부 판매를 주도한 알브레히트 대주교(Albrecht von Brandenburg)가 그곳에 거주하며 통치하고 있었기 때문이다. 그러나 나중에 할레는 종교개혁을 받아들이고, 종교개혁 정신을 계승한 17-18세기 경건주의운동의 중심지가 된다.

알브레히트 대주교와 할레

1503년 막데부르크 대주교였던 에른스트(Ernst von Sachsen)는 할레로 이주했다. 그때부터 할레는 막데부르크 대주교의 거주지가 되었고, 그의 사후 대주교 직을 물려받은 알브레히트도 1514년부터 1541년까지 할레에 머물며 자신의 교구 도시들을 통치하였다. 알브레히트 대주교는 브란덴부르크의 선제후였던 요한 키케로의 둘째 아들로, 23세에 막데부르크 대주교와 할버슈타트 교구관리자, 24세에 마인츠 대주교가 됨으로써 신성로마제국 안에서 교황 다음으로 큰 종교권력자가 되었다. 이렇게 높은 지위를 얻기 위해서는 교황에게 막대한 돈을 지불해야만 했는데, 그는 그 돈을 당시 거부였던 야콥 푸거한테서 빌렸다. 그리고 그 돈을 갚기 위해 자신이 관할하고 있는 지역에서 면죄부 판매에 열을 올리게 되었고, 이 일이 단초가 되어 루터의 종교개혁이 시작되었다.

알브레히트 대주교는 인문주의 교육을 받으며 자라서 르네상스운동에 관심이 많았다. 그는 자신이 살던 할레를 중부 독일의 르네상스 중심지로 만들고자 하는 꿈이 있었고, 이를 위해 많은 예술품을 수집하고 아름다운 건축물을 세웠다. 그는 자신의 기대에 부응하는 권위있는 교회 건물을 갖고자, 당시 도미니칸 수도원에 속해 있던 돔교회(Dom zu Halle)의 내부를 화려하게 개조했다. 그리고 도시 중심에 네 개의 첨탑을 가진 독특한 형태의 마르크트교회(Marktkirche Unser Lieben Frauen)를 세우기도 했다. 그는 사람들에게 발전된 도시의 모습을 보여줌으로써 할레에 종교개혁운동이 들어오는 것을 막고자 했다. 하지만 많은 사람들이 루터의 서적을 읽고 종교개혁 사상을 받아들이는 것을 막을 수는 없었다. 게다가 자신의 사치와 도덕적 타락으로 큰 어려움에 봉착하여 결국 할레 시의회의 신임마저도 잃게 되었다. 그래서 그는 1541년 할레를 떠나 마인츠로 이주하였고, 그곳에서 생을 마감하게 된다.

유스투스 요나스와 할레의 종교개혁

알브레히트 대주교가 떠난 후 할레는 적극적으로 종교개혁을 받아들였다. 시의회는 루터의 동료인 유스투스 요나스(Justus Jonas)를 설교자로 초빙하였고, 이때부터 할레의 종교개혁은 본궤도에 오르게 된다. 요나스는 비텐베르크 성교회(Schlosskirche)를 담임하였고 비텐베르크 대학의 신학부 교수로 활동하면서 종교개혁의 중심에 서 있던 사람이다. 언어 능력이 탁월해서 루터와 멜란히톤의 여러 저술들을 번역했고 루터의 성경번역 과정에도 참여했다. 뿐만 아니라 루터의 여행에는 언제나 동행했던 측근 중 한 사람이었다.

요나스는 1541년 4월 15일, 성금요일에 할레의 마르크트교회에서 첫 설교를 했는데, 이 설교로 인해 종교개혁에 동의하는 신자의 수가 급속히 늘어났다. 그는 설교와 가르치는 사역을 통해 할레 사람들에게 종교개혁 신앙을 알렸다. 그러나 할레에서의 종교개혁운동이 순탄하기만 했던 것은 아니다. 종교개혁 신앙이 확산되자 도미니칸 수도회와 프란체스코 수도회를 중심으로 종교개혁에 대한 반대가 거세졌다. 그러나 종교개혁운동은 멈추지 않았다. 그래서 1543년에 할레교회 조례(Halle-

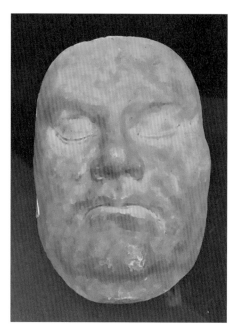

루터의 데스마스크

sche Kirchenordnung)가 만들어졌고, 1544년 11월에는 요나스가 시의회로부터 주교(Bischof)로 임명받게 되었다.

이렇게 할레에서의 종교개혁이 성공적으로 진행되자, 루터는 할레를 방문하였다. 루터는 할레에서 총 세 번의 설교를 하게 되는데, 첫 번째 설교는 1545년 8월 5일에, 나머지 두 번은 1546년 1월 6일과 1월 26일에 이루어졌다. 특히 세 번째 설교는 루터의 마지막 여행과 관련이 있다. 루터는 아이스레벤으로 가던 도중 할레를 방문했는데, 마침 홍수로 잘레강(Saale)이 범람하여 여행을 계속할 수 없게 되자 그곳에 머물며 세 번째 설교를 하였다. 3주 후 루터는 아이스레벤에서 죽음을 맞이 했고 그의 시신은 비텐베르크로 옮겨지게 되는데, 이 과정에서 루터의 시신이 할레의 마르크트교회에 하룻밤 머물게 된다.

할레 경건주의와 대학

할레에서 루터의 종교개혁은 150년의 시간을 뛰어 넘어 할레 경건주의로 연결된다. 할레 경건주의를 대표하는 사람은 프랑케(August Hermann Francke)이다. 뤼벡에서 태어나 어릴 때부터 철저하게 신앙교육을 받았던 그는 라이프치히 대학에서 공부하는 동안 슈페너(Philipp Jakob Spener)를 만나 많은 영향을 받게 되었다. 그 이후 뤼네부르크에서 회심을 체험하고, 하나님의 계획 안으로 들어가게 되었다.

슈페너의 추천으로 할레 근교 글라우하(Glaucha)의 성 게오르겐교회(St. Georgenkirche)의 목사로 부임한 프랑케는 많은 고아와 부랑아들

프랑케 동상

을 마주하게 되었다. 주민들은 술에 취해 있었고, 그들의 자녀들은 거의 교육을 받지 못한 상태에서 가난을 답습하고 있었다. 그래서 프랑케는 1695년 가난한 자들을 위한 학교를 시작하는데, 이후 그의 교육 운동은 점점 확대되어 일반 시민을 위한 학교, 귀족학교, 교사 양성을 위한 학교, 보건원과 인쇄소, 약국, 서점 등 다양한 분야로 확대되었다. 이 기관들은 이후 프랑케 재단(Franckesche Stiftungen)으로 발전하게 된다.

프랑케 재단은 종교개혁의 교육방식을 따랐고, 전세계로 할레 경건주의를 퍼트리는 요람이 되었다. 훗날 헤른후트 공동체(Herrnhuter Brüdergemeine)를 세워 경건주의운동을 이끌었던 진젠도르프(Nikolaus Ludwig von Zinzendorf)도 10대 시절 프랑케 재단에서 운영하는 귀족학교에서 공부하며 할레 경건주의로부터 많은 영향을 받았다.

할레 경건주의의 중심에는 할레 대학이 있다. 할레 대학은 브란덴부르크 선제후였던 프리드리히(Friedrich III)에 의해 1691년 세워졌고, 1694년 개교하게 되었다. 프리드리히 선제후는 할레에 대학을 세움으로써 브란덴부르크-프로이센 왕국을 이끌어갈 인재를 양성하고자 했다. 학교설립의 과정에 경건주의자 슈페너가 관여하게 되었고, 그 결과 프랑케와 같은 경건주의자들이 이 학교에서 가르칠 수 있게 되었다. 1691년 할레로 온 프랑케는 처음에는 대학에서 헬라어와 근동언어를 가르치는 일을 했지만, 1698년부터는 신학부 교수로 일하게 되었다. 할레 대학 신학부는 철학적이고 교리적인 신학을 가르치는 것보다, 성경 원어를 교육해서 성경을 깊이 연구하고 주석할 수 있도록 가르치는데

할레–비텐베르크 대학

중점을 두었다. 이렇게 성경 중심의 신앙을 가르치면서 경건한 목회자를 양성하는 데 주안점을 둔 결과, 할레 대학은 경건주의의 중심지가 되었다. 개교 당시 할레 대학은 작은 학교였지만, 10여 년이 지난 후 유럽에서 유명한 대학으로 성장했다.

그러나 1700년대에 들어와서 할레 대학은 라이프니츠(Gottfried Wilhelm Leibniz)나 볼프(Christian Wolff) 같은 계몽주의자들이 적극적으로 활동하면서 점점 계몽주의가 주도권을 잡게 되었다. 그러는 가운데 경건주의자와 계몽주의자 간의 대립이 생겨났고, 이후 경건주의자들은 자신들의 입장을 충분히 방어하지 못해서 학교에서 주도권을 빼앗기게 되었다. 할레 대학은 나폴레옹 전쟁 후 영토개편이 이루어지면서 1817년 비텐베르크 대학과 통합되었고, 마르틴 루터 출생 450년이 되는 1933년 대학의 이름에 '마르틴 루터'가 들어가게 되었다(Martin-

Luther-Universität Halle-Wittenberg). 현재 할레-비텐베르크 대학은 루터 종교개혁의 중심이었던 비텐베르크 대학과 프랑케에 의해 주도되었던 경건주의의 할레 대학이 하나로 합쳐져 종교개혁의 유산을 보존하고 있다.

할레 돌아보기

처음에 할레는 종교개혁의 시발점이 된 면죄부 판매와 연관있는 도시였다. 그러나 나중에 할레는 종교개혁을 계승한 경건주의의 중심 도시가 되었다. 교회의 사명은 시대의 문제에 신앙적으로 응답하는 것이다. 할레 경건주의는 그 시대에 어려움에 처한 사람들, 어둠에서 빛을 찾고 있는 사람들에게 그리스도의 빛을 보여주었다. 그럼으로써 나중된 자가 먼저 되는 본을 보였다.

이런 할레의 모습을 돌아보는 것은, 구시가의 서북쪽에 치우쳐 있는 돔교회(Dom zu Halle)에서 시작하는 것이 좋다. 크지는 않지만, 16개의 화려한 제단과 루카스 크라나흐와 알브레히트 뒤러, 마티아스 그뤼네발트와 같은 화가들이 참여한 교회 내부의 흔적에는 예술의 숨결이 남아 있다. 동쪽으로 약 150m, 2분 거리에 헨델의 집(Händel-Haus)이 있다. 헨델은 1685년 할레에서 태어나 마르크트교회에서 세례를 받았고, 돔교회에서 오르겔(Orgel) 연주자로 활동하기도 했다. 할레는 헨델의 고향으로도 잘 알려져 있으니 음악을 사랑하는 사람이라면 꼭 들러보아야 할 곳이다.

다시 남쪽으로 약 250m 걸으면 마르크트교회(Marktkirche Unser Lieben Frauen)가 나온다. 11세기에 세워진 성 게르투르덴교회와 12세기에 세워진 성모 마리아교회를 이어 만든 교회로 루터가 생전에 세 번 설교를 했던 곳이고, 루터의 장례 행렬이 지나가다 시신이 하룻밤 머물던 곳이기도 하다. 당시 루터가 설교했던 강단이 보존되어 있고, 루터의 데스마스크(Totenmaske)와 그의 손 모양이 전시되어 있다. 루터가 얼마나 평안하게 하나님의 품에 안겼는지를 보여주기 위해 데스마스크가 제작되었다고 한다. 그리고 교회의 이층 난간에는 루터의 얼굴이 새겨져 있어 그의 흔적을 역사로 남겨놓은 듯하다.

마르크트교회 뒤로 돌아가면, 독일 개신교회 도서관 중에서 가장 오래되고 규모가 큰 마리엔 도서관(Marienbibliothek)이 있다. 마르크트교회의 목사였던 세바스티안 보에티우스(Sebastian Boetius)에 의해 1552년에 설립되었는데, 처음에는 성도들의 기부금으로 책을 구입했다고 한다. 이후 도서량이 늘어나면서 1696년 할레 대학이 도서관을 세울 때까지 대학의 교수들과 학생들이 이용하였다. 루터의 필기 흔적이 남아 있는 성경들도 전시되어 있다.

마르크트교회에서 북쪽으로 약 500m 걸어가면 할레-비텐베르크 대학(Martin-Luther-Universität Halle-Wittenberg)이 있다. 독일 경건주의 사상의 모태가 되었던 대학의 곳곳을 거닐어 보기 바란다. 다시 마르크트교회에서 남쪽으로 900m 걸어가면 프랑케 재단(Franckesche Stiftungen)을 볼 수 있다. 종교개혁 정신과 경건주의 신앙을 교육과 복

지 영역으로 확장시켜 세상을 섬겼던 프랑케 재단을 보며 오늘 우리의
자리에서 교회의 사명을 생각해 보는 시간을 가져보면 어떨까?

필자 소개

김성규 목사는 2003년 독일로 와서, 2008년부터 베를린소망
교회의 담임목사로 일하고 있다. 2013년 총회 파송 선교사로
파송을 받았다. 취미는 역사 공부이고, 시간이 날 때마다 베를
린의 숲과 호수를 산책하는 것을 좋아한다. 가족으로는 아내
추수정 선교사와 두 아들 지호, 지민이 있다.

그리스도인은

모든 것에 대하여 자유로운 주인이며,

누구에게도 종속되지 않는다.

또한 그리스도인은

모든 것에 대하여 완전히 섬기는 종이며,

누구에게나 종이다.

- 루터, 『그리스도인의 자유』 중에서 -

1부

루터의
종교개혁

Part 2

루터와 인물/역사

루터와
멜란히톤

루터의 종교개혁을 이야기할 때 꼭 언급되는 동역자가 있다. 바로 필립 멜란히톤(Philipp Melanchton)이다. 그는 하이델베르크와 튀빙엔(Tübingen)에서 공부한 학자로, 1518년 비텐베르크 대학 교수로 초빙되어 루터와 우정을 맺는다. 특히 루터는 그에게서 성경의 언어인 히브리어와 헬라어를 배웠고, 그 덕분에 성경을 번역할 때 큰 도움을 받았다. 또한 로마 교황청과 논쟁이 있을 때면, 멜란히톤이 그 사이를 중재하며 종교개혁의 신학적 입장을 펼쳤다. 그는 갈등과 투쟁을 싫어했지만 종교개혁의 소용돌이 중심에서 루터를 도왔다. 루터보다 14살 아래였지만 서로 진한 동료애를 느꼈다.

멜란히톤의 어린 시절

멜란히톤의 할아버지는
상인으로 브레텐(Bretten)
의 시장까지 역임한 영향
력 있는 사람이었다. 멜란
히톤은 1497년 2월 16일
독일 남서부의 작은 도시
브레텐에서 2남 3녀 중 장
남으로 태어났다. 당시 브
레텐에는 라틴어학교가 있
어서 멜란히톤은 잠깐 그
학교를 다녔다. 매우 엄격

멜란히톤

한 가정교사가 그에게 3년간 라틴어를 가르쳤다. 당시 교육 관행은 암기
위주였고 잘못 대답했을 때에는 회초리로 맞아야 했다.

멜란히톤이 11살 때에 할아버지가 돌아가셨고, 4년간 투병하던 아
버지가 열흘 뒤 세상을 떠났다. 두 형제는 포르츠하임(Pforzheim)에 있
는 외가쪽 친척인 로이힐린(Elisabeth Reuchlin) 댁에 보내졌는데, 그
녀는 당시 명성이 자자했던 인문주의자 요하네스 로이힐린(Johannes
Reuchlin)의 여동생이었다. 로이힐린은 고대 헬라어에 정통한 당대 최고
의 학자였다. 멜란히톤은 그와 교류하면서 인문학적 교육을 받았고, 당
시 최고의 헬라어 문법책을 쓴 짐믈러(Georg Simler) 선생을 통해 고전

어를 배울 수 있었다. 특히 로이힐린은 헬라어 외에도 히브리어와 라틴어에 정통한 학자였다.

로이힐린은 멜란히톤에게 두 가지 큰 영향을 주었다. 첫째, 멜란히톤에게 새 이름을 붙여주었다. 본래 필립 멜란히톤의 이름은 필립 슈바르체르트(Phillip Schwarzerdt)인데 멜란히톤이 열심히 공부하는 모습을 보고 헬라어 문법책을 선물하였는데, 속지에 라틴어로 다음과 같이 써주었다.

> "이 헬라어 문법책을 포르츠하임 법학박사 요하네스 로이힐린이 브레텐 출신 필립 멜란히톤에게 주후 1509년 3월에 선물로 주노라."
> (Hanc Grammaticam graecam dono dedit Johannes Reuchlin phorcensis Legum Doctor philippo Melanchthoni Bretthamensi.)

필립이 처음으로 '멜란히톤'이라고 불리는 순간이었다. 당시 뛰어난 학자가 학생의 학문적 자질을 인정할 때나 학계에 입문하는 자리에서 헬라어 이름이나 라틴어 이름을 붙여주는 관행이 있었다. '검은 땅'이라는 뜻의 독일어 Schwarzerdt를 헬라어로 번역하면 멜란히톤이다. 어린 조카 손자의 학자적 자질을 인정해주는 순간이었고, 그 이후 필립은 멜란히톤이라는 이름을 사용하였다.

둘째, 멜란히톤은 로이힐린의 추천으로 비텐베르크 대학의 교수로 부임했다. 작센의 선제후 프리드리히(Friedrich III. der Weise von Sachsen)

가 비텐베르크 대학을 세우고 1518년에 당시 독일에서 가장 유명한 헬라어와 히브리어 학자인 로이힐린을 초빙하였다. 하지만 그는 나이가 많아서 힘들다고 거절하였다. 그대신 로이힐린은 필립 멜란히톤을 강력하게 추천하였고, 결국 멜란히톤은 비텐베르크 대학의 헬라어 교수로 부임하게 되었다.

루터와의 만남

1518년 8월 25일 멜란히톤이 비텐베르크 대학에 부임했을 때, 그의 작은 키와 볼품없는 모습에 사람들은 실망했지만 3일 뒤에 열린 취임연설에서는 다들 놀라워하며 그의 강의에 열광하였다. 루터는 멜란히톤과 급격히 가까워졌고 서로에게 매력을 느꼈다. 그의 뛰어난 고전어 능력은 루터에게 큰 도움을 주었다. 그의 강의에는 400명이 넘는 수강생이 몰려들었다. 루터와 멜란히톤 두 사람으로 인해 비텐베르크 대학은 전 독일에서 학생들에게 가장 인기 있는 대학이 되었다.

멜란히톤은 초라한 집에서 생활했는데, 그를 비텐베르크에 묶어 두고자 작센의 선제후 프리드리히 1세(Johann Friedrich der Großmütige)가 재정지원을 하여 1536년 집을 새로 지었다. 그 건물이 지금까지 남아 있는 멜란히톤하우스이다.

멜란히톤하우스 실내 모습

루터와 멜란히톤의 동역

루터는 멜란히톤을 만난지 4개월 만에 한 편지에서 "우리의 필립 멜란히톤은 놀라운 사람이며 모든 부분에서 초인적이다. 나는 그를 전적으로 신뢰하며 그와 친구가 되었다"라고 기록하였다. 또한 골로새서 주석에서 "나는 내 책보다도 필립의 책들을 더 좋아한다"고 말했다. 멜란히톤 역시 "나는 루터와 떨어지기 보다는 차라리 죽는 것이 낫다"고 고백하였다. 루터가 죽었을 때 크게 슬퍼하면서 "나는 루터로부터 복음을 배웠다"라고 말했다. 하지만 두 사람의 성격은 반대였다. 멜란히톤은 부드러웠지만 루터는 거칠었다. 멜란히톤은 섬세하고 소심한 사람이었다. 반대로 루터는 대담하고 털털했다. 루터는 자신을 활동적인 베드로에 비유했고, 멜란히톤을 조심스럽고 사려 깊은 야고보에 견주었다.

멜란히톤과 루터는 성경 원문을 읽고 연구하는 것을 매우 중요시하였다. 멜란히톤은 루터에게 신약성경을 번역하도록 부담을 주었다. 결

교황의 파문교서를 불태우는 루터의 모습. 그 옆에 멜란히톤이 서 있다

국 루터는 1521년 4월부터 바르트부르크(Wartburg) 성에 머무는 동안 11주만에 신약성경을 번역할 수 있었다. 1522년 3,000부가 9월 성경 (Septembertestament)이라는 이름으로 인쇄되었다. 루터는 멜란히톤과 비텐베르크의 전문가들과 더불어 구약성경까지 번역하였고, 1534년에 비텐베르크 판 성경 전문을 출판하였다.

신학자 멜란히톤

멜란히톤은 목사가 아니었지만 탁월한 신학자였다. 그의 강단은 교회의 설교단이 아니라 대학의 강의실이었다. 1521년 로마서를 기초로 『신학총론』(Loci communes rerum theologicarum)을 출판하였다. 핵심 내용은 죄와 율법과 은혜의 관계를 설명한 것이었다. 루터는 이 책에 대해 극찬을 아끼지 않았다. "이 책을 능가할 다른 책은 없다. 이 책은 불멸

의 저작이며 교회에서 정경과 같이 평가할 만한 책이다." 실제로 오늘날에도 사람들은 이 책을 최초의 개신교 교의학 저술로 평가한다. 당시 이 책은 여러 차례에 걸쳐 보완되어 출판되었다.

『신학총론』 표지

멜란히톤은 1530년 아우크스부르크(Augsburg)에서 열린 제국의회에 4월부터 9월까지 작센 신학자들의 대변자로 참석하였다. 루터는 교황의 위협 때문에 아우크스부르크까지 올 수 없었고, 제국의회가 진행되는 동안 코부르크(Coburg) 성에 머물러야 했다. 멜란히톤은 제국의회에서 지속된 논쟁과정을 통해 신앙고백서(Confessio Augustana)를 작성하였다. 이 글에서 멜란히톤은 가톨릭교회의 잘못된 관행들을 지적하고 신앙의 근본 토대에 대해 서술했다. 그는 루터에게 그 내용을 보내어 검토하도록 하였다.

아우크스부르크 신앙고백서는 1530년 6월 25일 황제와 제후들 앞에 제출되었다. 7명의 제후들과 뉘른베르크(Nürnberg), 로이틀링엔(Reutlingen) 두 곳의 자유제국도시(Freie und Reichsstädte)가 이 신앙고백서에 서명하였다. 이 고백서는 모두 28장으로 이루어졌다. 제1장 신론, 제2장 원죄론, 제3장 기독론, 그리고 4장은 핵심적인 칭의론을 담고 있다.

"죄 용서와 칭의는 인간의 봉사나 선행으로 이루어지는 것이 아니라 믿음을 통한 그리스도의 은혜로 이루어진다! 그 믿음이란 그리스도께서 우리를 위해 고통 당하시고 우리를 위해 죄를 용서하시고 의와 영생을 선물로 주신다는 것이다!"

그리고 제20장에서 "선행은 이루어져야 하지만 은혜를 얻기 위한 수단이 아니라, 하나님을 위해 그리고 하나님을 찬양하기 위해 사람들은 선행을 하는 것"이라고 주장했다.

멜란히톤이 이 신앙고백서를 제출한 목적은 교회의 하나됨을 위해서였다. 신앙의 본질 속에서 가톨릭교회를 포함하여 모든 교회가 하나되기를 원했다. 감격의 눈물 속에서 이 신앙고백서를 마무리하였고 제국의회에 제출되는 것을 보았다. 개신교의 핵심 교리가 처음으로 공개되는 자리였다. 하지만 황제는 이 고백서가 국가와 교회의 기존 질서를 파괴할 위협으로 보았고, 엑크(Johannes Eck)가 주도하는 가톨릭 신학위원회에 반박문을 작성하라고 지시하였다. 이 갈등은 몇 달 뒤에 개신교 제후들과 도시들이 참여한 슈말칼덴 동맹(Schmalkaldischer Bund)이라는 정치적인 규합으로 이어졌다. 결과적으로 전쟁의 징후가 드러났기에 멜란히톤은 루터에게 보낸 편지에서 "우리는 지금 극심한 염려와 끊임

없는 눈물 속에서 살고 있습니다"라고 적었다.

교육자 멜란히톤

멜란히톤은 1518년부터 1560년, 그가 죽을 때까지 비텐베르크에서
가르쳤다. 특별히 헬라어와 라틴어를 가르쳤고, 고전을 읽고 주해를 달
았다. 또한 수사학, 윤리, 물리, 역사, 지리 등 다방면에 걸쳐 강의를 진
행하였다. 그가 쓴 책들은 유럽 전역에서 수업교재로 채택되었다. 당대
독일인들은 그를 "독일의 선생"(Praeceptor Germaniae)이라고 불렀다.

그에게 배우고자 독일뿐 아니라 유럽 전역에서 학생들이 몰려들었다.
프랑스, 영국, 헝가리, 폴란드, 덴마크, 체코(보헤미아), 이탈리아, 그리스
등지에서 온 학생들은 공부를 마치고 돌아가서 교수가 될 수 있었다. 그
들은 멜란히톤에게 평생 감사했는데, 당시 점수가 적힌 학위증은 존재
하지 않았기에 지도교수의 개인적인 추천서가 결정적인 역할을 하였다.
멜란히톤은 수많은 추천서를 써 주었으며 그 추천서들은 당연히 효력을
발휘하였다.

한편 멜란히톤에게 수많은 제후들과 도시들이 교육 자문을 구해왔다.
대표적으로 뉘른베르크를 들 수 있다. 멜란히톤은 그곳에 1526년 처음
으로 고등학교를 세웠다. 전적으로 새로운 교육제도와 학교 시스템이었
는데, 이것이 오늘날 독일 김나지움(Gymnasium)의 원조가 되었다.

멜란히톤의 일상과 죽음

조용히 연구하고 학생들을 가르치는 것은 그의 적성에 맞는 일이었다. 하지만 그는 연구와 강의에만 집중할 수 없었다. 수많은 학자들과 제후들이 멜란히톤을 찾거나 초청하여 교류하였다. 그가 주고받은 편지들만 9,500통이 넘었다. 하루에 편지 10통을 써야 했던 날들도 많았다. 아침 6시부터 펜을 들어야 했고, 강의와 상담과 저술이 일상이었다.

그는 또한 수많은 여행을 떠나야 했다. 수차례의 제국의회 방문과 체류, 수많은 논쟁과 회의 자리들이 그를 기다렸다. 1530년에는 아우크스부르크 제국의회, 1540/41년에는 보름스와 레겐스부르크 제국의회(Der immerwährende Reichstag zu Regensburg)에 참석했다. 레겐스부르크로 갈 때에는 그의 마차가 추락하는 사고를 당해 한동안 글쓰기를 하지 못한 적도 있다.

멜란히톤은 1560년 4월 19일 그의 자택에서 세상을 떠났다. 여행 중에 독감에 걸렸고, 몸이 병약해져 결국 63세의 나이로 인생을 마감했다. 14살 많은 루터가 63세의 나이로 생을 마감하였듯이, 정확히 14년 뒤 멜란히톤 역시 63세에 삶을 마감하였다. 두 사람은 비텐베르크의 성교회(Schlosskirche Wittenberg)에 묻혔다. 설교 단 밑에는 마르틴 루터가, 맞은편에는 필립 멜란히톤의 묘가 자리하고 있다.

루터는 14살 어린 멜란히톤을 "하나님이 보내주신 가장 소중한 도구"라 여기며 사랑하고 존경했다. 종교개혁자로서 자신에게 부여된 고단한 삶을 멜란히톤과 함께 이기에 버틸 수 있었다. 신학 작업만 함께한 것이 아니라, 일상의 삶에서도 함께했다. 긴장감 가득했던 루터의 삶에서 멜란히톤의 온화함과 진지함은 쉼이었고 위로였다. 그런 루터와 멜란히톤은 여전히 치열했던 종교개혁의 현장 한가운데에서 500년 동안 함께한다. 죽음 뒤에도 그들은 동역자다.

필자 소개

김태준 목사는 2010년부터 2020년까지 10년간 독일 남부지방한인교회 담임목사로 독일 남서부에 위치한 슈투트가르트, 튀빙엔, 괴핑엔, 트로싱엔 네 곳의 한인교회를 섬겼다. 독일 뷔르템베르크 주교회 소속 한인 목사로 재직하면서 독일 교회와의 협력사역을 감당하였고, 총회 파송 선교사로서 예장유럽선교회(Euromission PCK) 회장과 기독교재독한인교회협의회 회장을 역임하였다. 현재는 임기를 마치고 귀국하여 2022년 1월부터 부산의 거성교회 담임목사로 재직 중이다.

루터와
카타리나 폰 보라

　　루터의 아내 카타리나 폰 보라(Katharina von Bora, 1499-1552)는 500년 종교개혁의 역사에 이름을 올린 첫 여성일 것이다. 당시 가톨릭 교회로부터 파문 당한 사제 루터와 수녀원을 탈출한 수녀 카타리나의 결혼은 가히 세기적인 스캔들이었다. 이 주인공들을 만날 수 있는 곳이 바로 비텐베르크의 루터하우스(Lutherhaus Wittenberg)이다. 그녀는 루터와 결혼해 이곳에서 21년을 살았다. 비텐베르크 대학 동쪽 끝 건물 내에 위치한 루터하우스에 들어가면 제일 먼저 한 여인의 동상을 만나게 되는데, 그녀가 바로 루터의 부인 카타리나 폰 보라이다. 왜 그녀의 동상이 루터의 집 입구에 있을까? 날카로운 턱선, 볼록하게 튀어나온 광대뼈, 곡선과 매서운 눈매, 그녀가 문을 열고 어디론가 급히 가는 포즈-한 눈에 보기에도 당차고 강한 인상의 여인이다. 카타리나 폰 보라, 최초의 개신교 사모로 불릴 만한 그녀의 삶은 어떠했을까?

출생과 수도원 생활

카타리나 본 보라는 1499년 1월 29일 라이프치히 남쪽에 위치한 리펜도르프(Liffendorf)에서 몰락한 귀족 집안의 딸로 태어났다. 그녀의 삶은 어린 시절부터 그리 평탄하지 않았던 것 같다. 6살이 되던 1505년 어머니가 죽고 수도원으로 보내졌다. 공교롭게도 이 해에 훗날 남편이 된 루터 역시 사제가 될 것을 결심하고 에어푸르트(Erfurt)의 수도원에 들어갔다. 집안 사정에 의해 수도원으로 들어간 그녀는 1509년 10살의 나이에 님쉔(Nimbschen)에 있는 마리엔트론 수녀원(Kloster Marienthron)으로 옮겨 16살에 정식 수녀가 된다. 당시 수녀원은 여성들이 서원을 통해

카타리나 폰 보라 동상(비텐베르크 루터하우스)

신앙을 정진하는 장소이기도 했지만, 가난하여 생계를 이을 수 없거나 가족에게 버림받은 여성들의 피난처요 안식처이기도 했다. 하지만 자기의 의사와 상관없이 보내져 인내와 복종, 절제와 금욕의 엄격한 훈련을 요구하는, 그곳 수녀원의 삶은 어린 소녀에서 성장해 가는 한 여인에게는 마냥 참고 견디기에 힘든 삶의 장소였다.

그러던 중 친구가 전해 준 글(루터가 쓴 것으로 추정되는)을 읽고 놀라게 된다.

"성직자가 독신을 통해 육체의 거룩한 제의(祭衣)를 걸친다 해서 그것이 반드시 영혼에 유익이 되는 것은 아니며, 기도와 금식을 통해 선행을 한다 하더라도 그것이 반드시 영혼에 유익을 가져오는 것이 아니다. 신앙의 경건과 자유를 얻게 하는 것은 다른 것임에 틀림없다."

이 글을 읽고 난 후 그녀는 다음과 같이 루터에게 편지를 쓴다.

"존경하는 루터 선생님, 저희는 수녀원의 수녀들입니다. 저희는 평생 이곳에서 독신으로 살아가는 것에 대해 오랫동안 고민하고 있습니다. 선생님께서는 믿음의 근본은 성경이며 신부나 수녀도 결혼할 수 있다고 말씀하지 않으셨습니까? 저희는 이곳을 탈출하기로 결심했습니다. 엄한 규율을 강요하는 수녀원만이 아니라 어느 곳에서든 하나님의 딸이 될 수 있다는 것을 보여주겠습니다. 제발 저희의 탈출을 도와주세요."

탈출, 루터와의 만남 그리고 결혼

1523년 4월 6일 부활절 밤, 열두 명의 수녀들은 토어가우(Torgau) 출신 상인 레온하르트 쾨페(Leonhard Köppe)의 도움으로 비린내 나는 생선통의 바닥에 숨어 님쉔의 수녀원을 탈출하여 비텐베르크까지 오게 된다. 이들 중 세 명은 자신의 집으로 돌아가고 나머지 아홉 명은 루터가 있던 비텐베르크에 남는다. 그 가운데 대부분은 짝을 만나 결혼을 하지만 홀로 남은 카타리나는 화가였던 루카스 크라나흐(Lucas Cranach)의 집에 살고 있었다. 그녀 주변에 몇 명의 남자가 있었지만 결혼까지는 이르지 못했다. 독신이었던 루터를 마음에 두었는지 자신의 마음에 드는 남자를 만나지 못한 것인지 알 수 없지만 그녀는 혼자 지내고 있었다. 짝 없이 홀로 남은 그녀를 보고 루터는 그녀와 결혼을 결심하게 된다. 사실 루터는 자신의 결혼에 대하여는 생각지 않고 있었던 것 같다.

처음에 그는 카타리나와의 결혼을 망설였다. 왜냐하면 사제가 되며

루터와 보라

결심한 독신의 서원을 지키길 원했고, 사제의 결혼으로 인한 사회적 비판과 가톨릭교회와의 싸움에서 지지자를 잃을 것을 염려했기 때문이다. 그가 결혼을 발표했을 때 동료들은 걱정하며 반대했다. 당시 두 사람의 결혼 소식은 말 그대로 '세기의 스캔들'이었다. 독신을 서원한 사제와 평생 주님의 신부로 서약한 수녀의 결혼 발표는 조소와 저주의 대상이기도 했다. "수도승과 그의 연인이 한 자리에서 나뒹구니 적그리스도가 태어나리. 웃을 일은 아니리" 항간에 이런 노래가 불릴 정도였으니 말이다.

파문을 당한 다음해 루터는 『결혼에 관하여』란 글을 발표한다. '성직자도 결혼할 수 있으며 성직자는 당연히 독신이어야 한다는 어리석은 규정에서 하루빨리 벗어나라'는 글이었다. 당시로서는 그야말로 충격적인 주장이었다. 1525년 6월 27일 신랑 루터의 나이 42살, 신부 카타리나의 나이 26살. 16년 차이의 두 사람은 역사에 남을 세기의 결혼식을 올리게 된다.

신앙의 동반자로 함께 한 가정생활

두 사람의 결혼 생활은 행복했던 것 같다. 루터의 후견인이며 작센의 선제후인 현자 프리드리히 3세(Friedrich III. der Weise von Sachsen)의 도움으로 그들은 비텐베르크 대학 내의 수도원 한 구석에서 결혼생활을 시작했다. 카타리나는 루터의 '내조자'이면서 '신앙의 동지'이고 또한 현숙한 아내였으며 강한 생활력을 가진 여인이었다. 6명의 자녀를 낳아 키우며 여러 명의 조카, 심지어 남편 친구의 자녀까지 돌봤다. 루터의 집에는 신앙 상담과 토론을 위해 찾아오는 방문객이 끊이지 않았다. 그때마다 그녀는 손님 접대를 비롯한 모든 일을 묵묵히 감당했다. 또 집안을 깨끗이 가꾸고 루터의 건강을 위해 포도주와 맥주를 집에서 만들곤 했다. 지금은 박물관이 된 루터하우스 지하실에 가면 그 당시 사용했던 주방도구들이 진열되어 있다. 무엇보다, 그 당시 주방의 도구와 맥주를 보관했던 맥주통들이 눈길을 끈다. 한편, 그녀는 많은 식구들로 인해 감당해야할 가계의 재정 충당을 위해 수도원 한편의 정원과 밭을 가꾸고 돼지도 키웠으며 근처 엘베(Elbe) 강가의 양어장도 운영하는 등 강한 생활력을 보인다.

노래하는 루터와 가족(G. Spangenberg, 1866년 작)

루터는 이런 카타리나를 무척이나 사랑하며 이렇게 말했다. "그리스도가 날 위해서 하신 일이 더 많은데 사실 나는 그리스도보다 내 아내를 더 사랑하고 있는 것 같다." 루터는 아내를 '나의 주인 케테(Käthe-카타리나의 애칭)', '비텐베르크의 샛별'이라 부르며 자신은 '자발적 종'이라 익살스럽게 표현했다. 또 카타리나는 루터를 '박사', '설교자' 또는 '사랑하는 주인'이라고 칭했다. 루터가 자신의 결혼 생활을 얼마나 만족스럽게 여겼는지는 다음의 말을 통해 알 수 있다. "거룩한 결혼 생활은 하나님의 말씀 다음 가는 귀한 보물이다. 경건하고 쾌활하며 하나님을 공경하고 가정을 잘 꾸려 나가는 아내야말로 가장 귀한 하나님의 선물이다." 또한 카타리나는 루터가 시련을 당하거나 역경에 부딪혀 고민할 때 동반자요 상담자의 역할을 했다. 그녀는 다소 딱딱한 신학적 논쟁에도 관심을 보였는데 1529년의 『마부르크 종교회담』(*Marburger Religionsgespräch*)에서 루터가 성찬에 관하여 토론할 것을 고민할 때 그에게 성경을 읽으라고 권하였다. 이런 그녀에 대해 루터는 "당신은 로마 교황청의 누구보다도 성경을 많이 알고 있구려"라고 칭찬할 정도였다.

사고와 죽음 그리고 그녀가 남긴 자취

"하나님께서 우리에게 무엇을 행하실 지 기다려 봅시다"라는 마지막 편지를 아내에게 보내고 루터는 1546년 2월, 63세로 세상을 떠난다. 그때까지 아내 카타리나는 자녀들과 비텐베르크에 살고 있었다. 후에 페스트가 창궐하자 대학은 이주를 결정하고, 길을 따라 나섰던 그녀는 토어가우로 가던 중 마차 사고를 당해 심한 부상을 입어 결국은 숨을 거둔다. 토어가우에 있는 그녀의 무덤 비문에는 이렇게 써 있다: 1552년 12월 20일, 마르틴 루터 박사의 부인 카타리나, 신의 축복 속에 이곳 토어가우에 잠들다.

종교개혁 역사상 첫 개신교 목사의 사모로서 카타리나 폰 보라의 삶은 한 편의 드라마였다. 수녀원을 탈출해 결혼한 수녀로, 여섯 자녀의 어머니로, 개혁가 남편의 내조자요 신앙의 동지로 살았던 그녀의 삶은 신앙생활, 그 힘의 원천이 가정에 있음을 일깨워 준 귀한 삶의 표본 그 자체였다.

혹자는 당시 개신교 가정의 가장 행복한 가정 모습을 독일 화가 구스타프 아돌프 슈팡엔베르크(Gustav Adolph Spangenberg)의 그림, 루터가 아내와 자녀들과 함께 찬송을 부르는 장면을 꼽는다. 이 그림은 악기를 연주하는 루터, 노래를 부르는 자녀들, 그리고 잠든 자녀를 안고 있는 카타리나를 담고 있다. 인상적인 것은 이들 단란한 가정을 물끄러미 뒤에서 바라보는 동료 필립 멜란히톤(Philipp Melanchthon)의 모습이다. 화가는 이 그림을 통하여 평생 동료로 같은 종교개혁의 길을 갔지만 결혼생활에 있어 다소 어려움이 있었던 멜란히톤과의 묘한 대조를 표현해 보려고 한 것은 아니었을까 하는 생각도 해 본다.

한 개인이 신앙 생활을 통해 성인(聖人)이 될 수는 없지만 가정은 이 세상에서 성화(聖化)의 삶을 살 수 있는 힘을 제공하는 장(場)은 될 수 있을 것이다. 카타리나 본 보라는 위대한 종교개혁의 길을 걸었던 남편과 함께 묵묵히 그 길을 함께 감으로써 하나님의 부르심과 영성이 단지 교회 안에서만이 아닌 가정 속에도 이루어져야 함을 오늘 우리에게 삶으로 보여주고 있다.

필자 소개

석인덕 목사는 2000년 4월 독일 뮌스터 대학으로 유학을 와서 『Ansätze des Gemeindeaufbaus in Deutschland』(독일 교회 정립을 위한 단초들)이란 제목으로 2008년 박사 학위를 받았다. 2000년 10월부터 크레펠트에 위치한 구라파한인선교교회를 섬기고 있다. '오이코스선교회'를 구성하여 동유럽 발칸반도 한인 선교사들을 김장 사역으로 섬기고 있다. 아내 김희정과의 사이에 1녀(지현), 1남(지민)을 두고 있으며, 오버하우젠에 살고 있다. LP로 음악 듣는 것을 즐기고, 수집한 음반이 상당하며, 진공관 오디오 자작에도 관심이 있다.

루터와
크라나흐

77세의 크라나흐 초상화

오늘날 루터와 관련된 책이나 기사 속에서 우리는 루터의 얼굴을 쉽게 볼 수 있다. 심지어 누구라도 금방 알아볼 수 있을 만큼 널리 알려진 루터의 모습도 있다. 이 모든 것이 화가 루카스 크라나흐(Lucas Cranach) 덕분이다. 그는 루터의 젊은 시절과 중년 시절의 얼굴뿐 아니라, 그의 부인 카타리나 폰 보라의 모습과 루터 부모의 모습도 그림으로 남겼다. 그는 루터의 주 활동 무대였던 비텐베르크에서 47년 동안 살면서 작센 선제후의 궁정화가로 명성을 떨쳤는데, 그가 남긴 수많은 작품을 통해 독일 르네상스 회화뿐 아니라 종교개혁을 둘러싼 역사 기록에 위대한 기여를 했다. 화가로서의 그의 활약은 후에 그의 아들에게까지 이어졌는데, 아들 이름도 아버지와 같은 루카스 크라나흐여서 이 둘을 구분하기 위해 각각 '부친 루카스 크라나흐'(Lucas Cranach der Ältere), '아들 루카스 크라나흐'(Lucas Cranach der Jüngere)로 부르고 있다. 이 글에서 크라나흐는 달리 표시하지 않는 한 부친을 뜻한다.

출생과 성장 배경

크라나흐는 1472년 독일 크로나흐(Kronach)에서 출생했다. 크로나흐는 에어푸르트와 뉘른베르크 중간 쯤 위치한 작은 마을로, 현재 주민 수가 17,000명 정도의 소도시이다. 부친의 이름은 한스로 알려져 있는데, 성은 달리 알려져 있지 않고 기록에 보면 '화가 한스'(Hans Maler)로 되어 있다. 그의 아들들은 자라면서 아버지의 화방에서 일을 도우며 여러 기술들을 배웠을 것이다. 부친은 한 아들에게 '화가 성인'인 루카스의 이름을 붙여주었는데, 바로 이 루카스가 대 화가로 성장하게 된다. 루카스는 훗날 자기 이름에 출생지를 성(Familienname)으로 정해서 루카스 크라나흐가 되었다. 그때만 해도 귀족이나 유력인사들이 주로 성을 사용했으며 자기가 원하는 대로 성을 정할 수가 있었다고 한다.

크라나흐의 유년과 청소년 시절에 대해서는 알려진 바가 거의 없다. 그가 기록에 등장하는 것은 빈(Wien)에서 활동하기 시작하면서부터였다. 당시 독일어권에서 가장 큰 도시이자 정치와 문화의 중심지였던 빈에서 30세가 된 크라나흐는 1502년부터 약 3년간 화가로 활동한다. 여러 저명인사의 초상화를 부탁받아 그렸고 주목받을 만한 종교화를 남겼다. 시골 청년이 미래를 내다보고 빈을 찾아간 것을 보면 삶에 대한 그의 야심찬 열정을 짐작할 수 있는데, 이는 그의 전 생애를 통해 잘 입증되고 있다.

그가 활동을 시작한 때는 바야흐로 이탈리아 르네상스 물결이 알프스를 넘어 독일에 퍼지기 시작한 때였다. 독일 르네상스 회화의 선두주자인 알브레히트 뒤러(Albrecht Dürer, 1471-1528)가 이미 활동 중이었고, 크라나흐 역시 막 꽃피기 시작한 새로운 시대정신에 합류하게 된다.

작센의 궁정화가

1505년은 크라나흐의 인생에 매우 중요한 해였는데, 이는 작센의 선제후인 현자 프리드리히가 그를 비텐베르크 궁정화가로 불렀기 때문이다. 당시 비텐베르크는 그 시대에 가장 현대적인 도시 중 하나로 다시 태어나는 중이었다. 1502년에 프리드리히에 의해 대학이 세워졌고 대학을 중심으로 학문과 사상의 집결이 이루어졌다. 여기에 예술을 열정적으로 장려한 프리드리히에 의해 예술가들까지 합류하게 되면서 비텐베르크는 어느 대도시보다 더 진보적인 열기를 가지게 되었다. 당시 비텐베르크 인구는 약 2,500여 명 밖에 안 되는 소도시였지만 결국 세계를 움직인 종교개혁의 요람이 될 수 있었다. 여기에 크라나흐도 적잖은 기여를 하면서 '종교개혁 화가'라는 명성을 얻게 된다.

비텐베르크에 온 크라나흐는 당시의 모든 궁정화가가 그렇듯이 상당히 많은 업무를 맡게 된다. 그림뿐 아니라, 곳곳에 세워지는 성과 같은 큰 건물의 실내 장식과 도색을 책임지고, 문장이나 메달 제작, 심지어 궁중 의상과 소품 제작까지 관여하였다. 그러나 가장 중요한 임무는 역시 선제후를 중심으로 일어나는 일들을 그림으로 남기는 것이었다. 선제후를 비롯한 주요 인물들의 초상화를 그리고 선제후가 참관한 경기 대회나 사냥 장면 같은 것도 그림으로 남겼다. 작센 궁정에서는 종교개혁과 관련된 인물이나 활동도 대단히 중요한 일에 속했기에 궁정화가에게 이와 관련된 주문을 하는 것은 당연한 일이었다. 궁정화가로서 크라나흐는 선제후 곁에 매우 가까이 있는 존재가 되었다.

예술가이자 사업가, 그리고 정치인

그는 많은 업무 속에서도 빠른 속도로 다작을 할 수 있는 화가였다. 빠르게 많은 작품을 그릴 수 있는 것은 그의 탁월한 재능에 기인한 것이었지만, 그렇다고 예술성이 떨어지는 것은 아니었다. 그는 또한 화방을 매우 조직적으로 운영하였는데 많게는 열한 명까지의 일꾼들을 거느리며 수십 년간 작품 제작에 매진했다. 이러한 사례는 당시 독일에서 거의 유일한 경우였다.

거기에다 크라나흐에게는 남다른 사업가 기질이 있었다. 그는 비텐베르크에 온 지 몇 년 후 도시의 중심에 위치한 시청 바로 맞은 편에 주택을 구입하였고, 1512년 결혼한 후에 계속해서 인근 주택과 대지를 구입했다. 1520년대에 크라나흐는 이미 비텐베르크에서 가장 부유한 사람으로 손꼽혔다. 그가 재산을 일구는 데는 약국 경영도 한몫했다. 크라나흐는 비텐베르크에서 최초로 약국을 세워 독점적으로 경영하였다. 그밖에도 그는 포도주와 맥주를 궁중에 납품하였다.

그는 화가로서 화방을 경영할 뿐 아니라 인쇄소도 경영하기 시작하였다. 이전에는 비텐베르크 교수들이 책을 만들 때 라이프치히(Leipzig)까지 가서 인쇄했으나 크라나흐의 인쇄소가 생기면서 그럴 필요가 없어졌다. 루터의 중요한 책들과 최초의 루터 성경(Septembertestament)도 모두 크라나흐의 인쇄소에서 만들어졌다. 더구나 책의 삽화로 크라나흐의 목판화를 주로 사용했으니 모든 작업이 한곳에서 이루어져 최고의 효율성을 지니게 되었다. 1534년에 루터가 번역한 신구약 성경이 인쇄되었는데, 여기에는 크라나흐가 심혈을 기울여 제작한 목판화 128개 작품이 함께 들어갔다.

또 한 가지 언급할 것은, 크라나흐가 정치가로서의 역할도 했다는 점이다. 선제후 가까이에 있는 사람으로서 예술적으로나 사업상으로나 영향력이 큰 그에게 정치적 역할이 요구되는 것은 당연한 일이었다. 당시 비텐베르크에는 21명의 시의회 회원이 있었는데, 7명씩 돌아가면서 1년씩 재임하였다. 크라나흐는 1519년부터 1549년까지 30년에 걸친

기간 중에 비텐베르크 시의원으로 전부 10년간 재임하였다. 그리고 그 사이에 3년은 시장으로 재임하였다. 이 30년 기간 동안 작센의 선제후는 세 사람이나 바뀌었지만 그는 변함없이 궁정화가 직에 유임되었다. 이런 그의 왕성한 예술 외적 활동 때문에 그가 어떻게 깊이 있는 예술을 할 수 있었겠는가 하는 생각을 가질 수도 있지만 그의 작품 세계로 들어가보면 그것이 선입견임을 알 수 있다.

루터와의 친분

크라나흐와 루터의 개인적인 친분 관계에 대해서는 기록으로 알려진 것이 거의 없다. 둘 다 비텐베르크에서 살았기 때문에 서신 교환 같은 것도 거의 없었다. 그러나 가정의 중요한 대소사에 서로 참여한 것을 볼 때 둘의 친분이 어느 정도였는지 가늠할 수 있다. 크라나흐가 루터의 첫 초상화를 그리게 된 해가 1520년인데, 이미 그 해에 루터는 크라나흐의 딸 안나가 세례 받을 때 대부가 되었다. 수녀원에서 도망쳐 나온 수녀 카타리나 폰 보라가 1523년부터 2년 간 크라나흐의 집에서 살았고, 1525년에 그녀가 루터와 마침내 결혼을 할 때 크라나흐 부부는 그 결혼식의 증인(Trauzeuge)이 되었다. 그 이듬해에 루터의 첫아들 한스가 세례를 받을 때 크라나흐가 대부가 된다.

루터와 크라나흐의 만남은 종교개혁의 측면에서 볼 때 가히 축복이었다. 루터가 개혁의 횃불이었을 때 크라나흐는 그의 개혁 정신을 초상화 속에 담아 세상에 알리는 데 크게 기여하였다. 당시 초상화는 한 인물의 모습을 기록하고 남기는 것 이상의 의미였다. 한 사람의 사상과 활동, 지도력과 영향력 등을 전달하는 매개체로, 글과 함께 초상화는 매우 유용하게 사용되었다. 따라서 초상화에는 그 인물을 어떻게 묘사할 것인가 하는 화가의 의도가 당연히 함께 담긴다.

루터는 시와 음악에 조예가 깊은 반면 미술에 대한 특별한 관심을 보이지는 않았다. 어쩌면 그에게 있어서 미술은 메시지를 전달하는 교육적 도구 정도였는지 모른다. 그럼에도 루터와 크라나흐가 서로 긴밀하게 연결되는 것은 종교 개혁의 정신을 표현하고 전파하는 데 한뜻이었기 때문일 것이다. 루터의 전속 화가나 다름 없는 크라나흐를 통해 자신의 모습이 그려지고 인쇄되어 세상에 전해지는 상황에 대해 루터는 물론 작센 궁정 역시 개혁 신앙의 전파라는 측면에서 가치를 부여했고, 그런 점에서 크라나흐의 공헌에 감사했을 것이다. 또 루터가 번역한 성경에 크라나흐가 삽화를 그려 넣거나 제단화와 같은 종교화를 그릴 때 루터의 생각과 의견이 화가에게 큰 역할을 했던 것은 틀림없다.

생의 마지막

1547년 슈말칼덴(Schmalkalden) 전투에서 비텐베르크가 카를 5세(Karl V) 황제 군대에 함락되면서 크라나흐도 작센의 궁정화가 직을 잃게 된다. 그후 1552년에 딸이 살고 있던 바이마르(Weimar)로 옮긴 크라나흐는 이듬해 1553년 10월 16일, 81세를 일기로 세상을 떠나 바이마르의 공동묘지(Jakobsfriedhof)에 안장된다. 격정의 시대에 태어나 주어진 재능과 능력을 아낌없이 발휘한 크라나흐는 독일 르네상스 미술에 중요한 위치를 차지했을 뿐 아니라, 루터와 개혁자들을 만나고 그들과 교제하며 그들의 자취를 역사적 작품으로 남길 수 있는 특별한 축복을 누렸다. 그는 결국 종교개혁을 그린 가장 중요한 화가가 되었다.

그의 작품들

크라나흐는 루터 부부의 초상화는 물론, 멜란히톤을 비롯한 여러 인물의 초상화를 많이 남겼다. 또한 여러 제단화와 작품들을 통해 종교개혁이 주창하는 바를 그림으로 표현하였다. 독일의 신학자이자 목사인 마르고트 캐스만(Margot Käßmann)은 다음과 같이 말했다.

> "루터가 종교개혁을 글로 표현했다면 크라나흐는 신앙을 그림으로 해석하고 표현해서 확산시켰으며 루터를 종교개혁의 아이콘으로 만드는데 큰 몫을 했다."

크라나흐의 작품에 대해 보다 세밀하게 관찰하고자 하는 사람은 그의 작품 전체를 디지털화한 Cranach Digital Archive라는 웹사이트를 통해 많은 도움을 받을 수 있다.

다음에 크라나흐의 작품 중 세 점을 소개한다.

"융커 외르크"(Junker Jörg): **기사로 변장한 루터**(1522년, 목판화)

보름스의 제국의회가 끝난 후 루터는 납치극을 가장해서 아이제나흐의 바르트부르크 성으로 피신한다. 그는 머리와 턱수염을 기른 채 기사복을 입은 융커 외르크라는 이름으로 1521년 5월 4일부터 약 10개월간 바르트부르크 성에서 지낸다. 루터가 부재 중인 동안 비텐베르크가 카를슈타트 주도 하에 급진적인 개혁의 소용돌이 속에 빠지면서 과격한 성상파괴가 행해졌는데, 루터는 이 사태를 진정시키기 위해서 1521년 12월에 비텐베르크로 잠시 돌아왔다. 이 그림은 그 때를 배경으로 하되, 그림 제작은 비텐베르크로 완전히 돌아온 1522년 3월 이후에 이루어진 것으로 보인다. 그림 속의 루터는 숨어 지내야만 했던, 구차하고 처연한 처지의 모습이 아닌 강렬한 의지에 불타는 눈빛을 가진 귀족적인

기사의 모습을 하고 있다. 이 그림은 바로 그런 루터의 결단과 의지를 담아 내고 있기 때문이다. 크라나흐가 그린 루터의 초상화에 대해 책을 낸 마르틴 바른케(Martin Warnke)는 이 그림에 루터를 영웅적인 인물로 묘사하려는 화가의 의도와 작센 궁정 당국의 입장이 잘 담겨 있다고 보았다.

비텐베르크 시교회의 제단화(1530년대 초)

비텐베르크 시교회(St. Marienkirche)의 제단에는 앞뒤 각 4개씩의 판
넬로 구성된 대형 제단화가 있다. 이 작품은 종교개혁의 주된 내용을 담
고 있는데, 크라나흐 부자와 화방 화가들이 함께 제작하였다. 전면은 부
친 크라나흐, 뒷면은 아들 크라나흐의 주도하에 그려진 것으로 보고 있
다. 전면에는 개신교회의 근본 요소인 세례(왼편), 성만찬(중앙), 참회(오
른쪽), 그리고 말씀(아래쪽)이라는 주제를 각 판넬마다 담고 있다. 먼저
중앙에 있는 성만찬 그림을 보면, 원탁 둘레에 예수님과 열두 제자가 둥
글게 앉아 있고, 오른쪽 끝에는 한 제자에게 마실 것을 전달하는 젊은이
가 있다. 제자 요한은 예수님의 품에 안겨 있고 예수님은 가룟 유다의
입에 먹을 것을 넣어 주고 있다. 유다의 왼손에는 이미 받은 돈주머니가
있다. '너희 중에 한 사람이 나를 배신할 것'이라는 예수의 말에 제자들

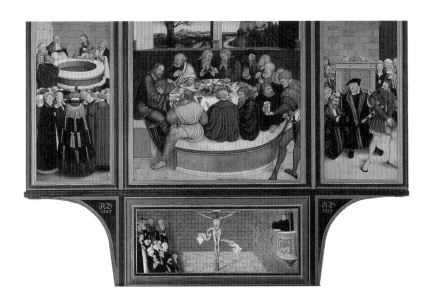

은 동요된 채 서로 이야기를 나누고 있다. 열두 제자 중에 음료를 건네받으려고 몸을 돌린 한 제자(오른쪽 아래)의 모습이 바로 루터이다. 신학자요 교수인 루터의 모습이 아니라 융커 외르크로 변장해서 살았던 때의 모습이다. 그리고 그에게 음료를 전달하는 젊은이는 아들 크라나흐의 모습이다. 왼편의 유아 세례 그림에서 집례자는 멜란히톤이고, 그림 왼쪽에 흰 천을 받쳐 들고 있는 긴 수염의 노인이 바로 크라나흐이다. 고해를 그린 오른편 판넬에는 두 열쇠를 쥔 목사 부겐하겐의 모습이 중앙에 보인다. 아래쪽 판넬의 주제는 말씀인데, 왼쪽에는 신자들의 모임으로 회중이 있고, 오른쪽에는 설교단에서 복음을 선포하는 루터가 있다. 설교자 루터의 오른손은 복음의 핵심인 십자가의 예수를 가리키고 있고, 왼손은 말씀의 원천인 성경 위에 올려져 있다. 왼쪽 청중의 무리 속에 또다시 크라나흐의 모습이 보인다. 제단화 뒷면의 네 판넬에 성경의 핵심적인 내용을 요약하고 있는데, 죽음과 사탄을 정복한 승리의 예수가 중앙에 있고, 왼편에는 희생 제물이 된 이삭(예수의 죽음을 은유), 오른편에는 구원의 표시인 광야의 놋뱀(예수의 십자가를 은유), 그 아래에는 구원받은 자들과 멸망할 자들이 구분된 광경이 담겨 있다.

바이마르 시교회의 제단화(1555년 완성)

1500년경에 현재 교회의 모습을 갖춘 바이마르 시교회(Stadtkirche St. Peter und Paul in Weimar)에는 크라나흐의 마지막 작품이자 그의 아들이 완성한 것으로 알려진 제단화가 있다. 전체 세 개의 판넬로 되어 있는데, 중앙 그림은 370x309cm 크기이고, 좌우 날개는 각각 370x146cm이다. 중앙 판넬에는 십자가에 달린 예수가 가운데 있고 그 오른편에 세

명의 주요 인물이 서 있는데 밖에서부터 안쪽으로 루터, 크라나흐, 세례
요한이 있다. 그림에서 가장 눈에 띄는 것은 창에 찔린 예수의 옆구리에
서 핏줄기가 뻗어 나와 공간을 가로질러 가운데 서 있는 크라나흐의 머
리에 와닿는 것이다. 보통 십자가에 달린 예수의 상처에서 흘러나오는
피는 누군가가 들고 있는 잔 속에 담기는 것으로 묘사되었다. 그 잔은
물론 성만찬의 잔을 의미하고 그 잔을 든 자는 천사이든 누구이든 성만
찬을 행하는 교회를 상징했다. 이 그림에는 잔이 없고 그리스도의 보혈
이 직접 기도하는 자의 머리에 떨어짐으로 구원의 은혜가 성찬식이라는

매개를 초월해서 임하는 것으로 묘사된다. 기도하듯 손을 모은 크라나흐는 구원의 은혜에 감동한 모습으로 그림을 보는 청중을 응시한다. 구원의 은혜를 간구하는 모든 평신도를 대변하는 자로서 크라나흐는, 이 그림을 통해 율법이 아닌 복음으로 구원에 이르게 된다는 종교 개혁의 신앙을 고백하고 있다.

참고로 그의 옆에 서 있는 루터는 펼쳐진 성경의 한 구절을 손가락으로 짚고 있는데, 그 구절에는 이렇게 적혀 있다. "예수의 피가 우리를 모든 죄에서 깨끗하게 하실 것이요."(요한1서 1:7b)

크라나흐 유적 돌아보기

비텐베르크를 방문하면 크라나흐를 만날 수 있는 곳이 여럿 있는데, 그중에 다음 세 곳을 찾아보면 좋을 것이다. 세 곳 모두 도시 중심인 시청 광장 가까이에 있다. 먼저 두 곳은 크라나흐가 생전에 구입했던 주택들인데, 현재 크라나흐와 관련된 건물로 사용되고 있다. 첫 번째 건물은 시청 바로 맞은편 마르크트 4번지(Markt 4)에 있는 오렌지색 5층 건물인 '크라나흐 하우스'이다. 이곳에서는 '크라나흐의 세계'(Cranachs Welt)라는 상설 전시가 열리고 있다. 두번째 건물은 시청 광장에서 성교회쪽으로 몇 발자국만 더 가면 나오는 '크라나흐 호프'(Cranach-Höfe)이다. 주소는 슐로스거리 1번지(Schlossstrasse 1)인데, 흰색 건물 좌우에 '크라나흐 약국'(Cranach Apotheke)과 '크라나흐 호텔'(Cranach Herberge)이라고 적혀 있다. 크라나흐가 실제로 살았고 루터도 종종 방문했던 이 건물은 현재 개조해서 개성 있는 호텔로 사용되고 있다. 이 건물 한 가운데 아치형으로 뚫린 통로로 들어가면 넓은 뜰이 나오고 뜰 안쪽에 오렌지색 건물이 다시 나온다. 이곳에는 크라나흐 당시의 인쇄소를 재현해 놓고 방문자들이 실제로 중세 시대의 인쇄술을 흥미롭게 경험할 수 있도록 해 놓았다. 마지막은 시청 광장 동편에 있는 비텐베르크 시교회(Stadtkirche St. Marien)인데, 위에서 설명한 대로 크라나흐가 그린 대형 제단화가 있다.

필자 소개

손창근 목사는 1995년 유학생으로 독일에 와서 마부르크와 하이델베르크에서 수학하였다. 2003년부터 칼스루에한인교회, 하이델베르크한인교회, 하노버한민교회에서 목회하였다. 현재 섬기고 있는 하노버본향교회는 2017년 1월에 설립되었다. 교인 대부분은 유학생들과 젊은 부부들이며, 교인 중에 40%가 음악전공자들이다. 매년 몇 차례 크고 작은 음악회를 열어서 지역 주민들과 교류하고 있고, 하노버 내 여러 외국인 교회와 연합예배를 통해 서로 교제하고 있다. 아내 김정례는 2020년에 『사모님, 구텐 모르겐』이라는 책을 펴낸 바 있다. 자녀는 1남 2녀로 모두 독일에서 살고 있다. 필자가 거주하는 하노버는 인구 약 53만의 도시로 북부 독일 니더작센의 주도로 독일개신교총회(EKD) 본부와 세계개혁교회협의회(WCRC) 본부가 있다.

루터와
에라스무스

에라스무스(Desiderius Erasmus von Rotterdam)는 인문주의의 거두였다. 루터보다 한발 앞서 교회개혁을 요구하는 여러 저술들을 쓰기도 하였다. 당시 교회개혁 사상을 이끌었던 인문주의(Humanismus)는 루터에게도 영향을 미쳤다.

에라스무스의 성장배경

에라스무스의 어린시절 기록은 분명하지 않다. 그가 태어난 해도 1466년인지 1469년인지 분명하지 않다. 다만 그가 로테르담(Rotterdam)에서 태어났고, 그의 아버지가 독신 서약을 한 사제였다는 것은 분명해 보인다. 그의 원래 이름은 헤리트 헤리촌(Gerrit Gerritszoon)이었고 '에라스무스'는 아마도 그가 받은 세례명으로 보인다. 거기에 자신의 별명이었던 '사랑받는'이라는 뜻의 '데시데리우스'(Desiderius)가 그의 이름의 일부가 되었다.

에라스무스

그는 10살 전후에 공동생활형제단(Brüder vom gemeinsamen Leben)의 영향을 받아 설립된 데벤터(Deventer)의 성 레뷔학교(St. Lebuinus)에서 교육을 받았다. 그곳에서 평생의 스승으로 여겼던 아그리콜라(Rudolf Agricola)를 만나 고전문학에 관심을 가지게 되었다. 10대 때 부모를 모두 전염병으로 잃은 그는 아우구스티누스 수도원에 들어가 1492년 사제 서품을 받았지만, 사제로서의 삶보다는 고전 문학과 예술에 대한 관심이 더 컸다고 알려져 있다.

1498년, 처음 영국에 간 에라스무스는 그곳에서 당시 가장 인정받는 인문주의자였던 토마스 모어(Thomas More)와 인문주의 가톨릭 신학자 존 콜렛(John Colet)을 만나면서 이전에 경험하지 못한 정서적 풍요를 누렸다.

『우신예찬』 표지

이탈리아에서 공부하고 다시 영국으로 돌아와 헬라어를 강의하던 그는 1511년에 권위주의에 빠진 당시 중세 기독교를 풍자한 『우신예찬』(*Stultitiae Laus*)을 쓰게 된다.

1514년부터 바젤에 머물게 된 에라스무스는 종교개혁 역사에 중요한 시발점이 된 헬라어 성경을 1516년 2월에 출판하게 된다. 서로 다른 5개의 신약성경 헬라어 필사본을 구해 그것들을 대조해 가며, 가장 원본에 가깝다고 생각되는 것을 선택해 편집하고, 그것에 주석을 달았다. 형식은 왼쪽에 헬라어, 오른쪽에 라틴어로 쓰인 대조성경이었다.

에라스무스 평전을 쓴 슈테판 쯔바이크(Stefan Zweig)는 에라스무스의 출생에 있어 "고향도 생가도 없는 텅빈 공간에서 태어났다"고 표현한다. 그만큼 그는 열악한 환경에서 외로움을 가지고 태어났다. 하지만 그의 외로움은 사람에 대한 공감과 문학에 대한 감수성을 갖게 했다. 또한 여기저기서 행해지는 전쟁과 분쟁의 시대적 광기 속에서 어떻게 평화로운 세상을 이룰 수 있을지 고민하게 하였다. 그것이 그의 삶 전체로 드러나는, 어느 곳에도 속하지 못하는 '자유에 대한 갈망'으로 이어졌다.

루터와 에라스무스의 차이

독일 중동부의 작센 지역에서 태어나 비텐베르크의 교수 및 종교개혁가로 활동했던 루터는, 네덜란드에서 태어나 프랑스, 영국과 스위스를 거치며 활동한 에라스무스와 직접적인 만남을 가진 적은 없었다. 그러나 에라스무스에게 관심을 가지고 있었던 루터가 게오르크 슈팔라틴(Georg Spalatin)을 통하여 서신을 보내면서 첫 번째 접촉이 이루어졌다. 루터와 에라스무스 사이에는 여섯 번의 서신 교환이 있었던 것으로 알려져 있는데, 이러한 서신 교환을 통한 교제는 독일 인문주의 그룹의 특징이기도 하였다. 루터가 신학교에서 연구하던 시기에 에라스무스는 이미 북부 유럽을 대표하는 기독교 인문주의자였으며 사회비평가로도 널리 알려져 있었다.

루터는 에라스무스의 여러 주장들에 대하여 동의했고, 그의 작품들에 대해서도 상당히 높이 평가하였다. 루터의 종교개혁이 에라스무스에게서 많은 영향을 받았던 것은 주지의 사실이다. 에라스무스 역시 종교개혁 초기에는 루터의 주장에 호의적이었다. 루터의 95개 논제에 실린 면죄부 비판 등에 대해서도 대체로 동의하였다. 하지만 인간의 존엄을 가장 중요한 가치로 여기며 교회개혁을 원했던 에라스무스와 예수 그리스도의 복음으로 성경을 다시 해석하고자 했던 루터와의 간극은 좁혀질 수 없는 것이기도 했다.

신학자였던 루터에게 인문주의가 복음으로 가기 위한 하나의 도구였다면 에라스무스에게 인문주의는 그 자체가 목적이었다고 할 수 있다. 에라스무스는 인간에 대한 낙관적인 믿음을 가지고 있었다. 가톨릭교회의 문제에 대한 인식에서도 관심은 인간에 집중되어 있었으며, 따라서 그에게 가장 중요한 문제는 교회의 윤리적 위기였다. 그는 루터와 달리 성직자들의 윤리적 실천과 개선을 통해 로마 교회가 건전한 교회로 새롭게 태어날 수 있으리라고 믿었다. 그가 생각한 바람직한 교회는 산상수훈에 기초한 윤리성이 회복된 교회였다.

그러나 루터는 에라스무스와 달리 회심 후 법학자의 길에서 사제로 전향한 철저한 신학자였다. 그가 강조한 이신칭의 신학은 인간의 뿌리 깊은 죄성과 하나님의 전적인 은혜에서 출발한다. 루터에게 가톨릭교회의 본질적인 문제는 윤리적인 것을 넘어 신학적이고 영적인 문제였다. 따라서 그의 목표는 처음부터 성경이 전하는 말씀의 본질로 돌아가는 완전한 개혁이었다.

자유의지 논쟁

루터가 95개조 논제를 통해 종교개혁의 시작을 알렸을 때, 에라스무스는 이미 인문주의자들의 최고 권위자로 인정 받고 있었다. 당시 대부분의 종교개혁자들은 '루터파', '츠빙글리파'이기 전에 이미 '에라스무스파'로 여겨졌을 정도였다. 루터의 종교개혁 초기에 에라스무스와 루터 사이에 가지고 있었던 차이는 크게 중요하지 않았던 것이었다. 그러나 루터의 종교 개혁이 확대되어 온 유럽에 영향을 미치기 시작하면서, 루터와 인문주의자들 사이의 간극이 분명하게 노출되기 시작했고, 루터와 에라스무스 사이에도 논쟁이 시작되었다.

『자유의지에 대하여』 표지

원전을 바탕으로 한 학문과 도덕성을 동반한 신학의 갱신을 바랐던 에라스무스는 학자로서 종교개혁에 대한 자신의 입장을 밝혀야 한다는 책임감을 가지고 있었다. 1524년 출판한 논문인 『자유의지에 대하여』는 이런 에라스무스의 고뇌가 담긴 작품이었다. 하지만, 이 논문은 루터 신학의 핵심 주제인 이신칭의와 예정론(Prädestination)에 대한 공격으로 여겨졌다. 이에 루터는 1525년에 『노예의지에 대하여』(De servo arbitrio)라는 논문으로 에라스무스의 주장을 반박하였다. 에라스무스는 이에 『마르틴 루터의 노예의지론에 대한 방어』(Hyperaspistes diatribe adversum servum arbitrium Martini Lutheri)라는 논문을 2회에 걸쳐 출판하였다. 루터의 추가적인 반박은 이어지지 않았지만, 이후 루터는 『탁상담화』(*Martin Luthers Tischreden*)에서 자신의 노예의지론은 제대로 논박된 적이 없다고 주장한 것으로 전해진다.

루터와 에라스무스는 모두 하나님의 은총이 없이는 인간의 구원이 불가능하다는 것을 인정하고 있었다. 다만 신학과 철학적 세계관의 차이에서 기인하는 인간론에 대한 입장 차이가 극명하게 달랐다. 궁극적으로 루터의 목적은 은혜로 말미암는 구원의 확실성을 증명하는 것이었으며, 에라스무스의 목적은 인간이 가야할 길로서의 제자도를 강조했던 것이었다.

결별과 영향

자유의지 논쟁은 결국 에라스무스와 루터 사이를 완전히 갈라놓았다. 루터는 에라스무스를 '사악한 자'라고 비난하였으며, 그리스도의 원수이며 하나님께서 저주를 내릴 것이라는 말까지도 서슴지 않았다. 에라스무스 역시 루터를 '독이 든 열매를 맺은 나무'라고 비난했고, 종교개혁에 대하여는 '예술과 학문을 파괴하고 교회의 평화를 깨뜨리는 재앙'이라고 주장했다.

또 에라스무스는 츠빙글리 같은 종교개혁 진영에 남은 인문주의자들과도 더 이상 교류하지 않았다. 물론 멜란히톤처럼 루터뿐 아니라 에라스무스와도 친분을 유지한 경우가 있기는 했지만 이는 매우 드문 경우였고, 자유의지 논쟁의 결과 많은 인문주의자들이 종교개혁 진영으로부터 떠나게 되었다.

이렇게 종교개혁자들과 인문주의자들 사이의 협력관계는 멈추었지만, 그렇다고 해서 사회적 흐름마저 완전히 단절된 것은 아니었다. 이는 두 운동이 본래 공통점을 많이 지녔기 때문이었는데, 특히 에라스무스가 추구하였던 교육의 강조와 고전에 대한 연구는 종교개혁 영향권 내에서도 점점 더 장려되었다. 특히 루터와 함께 비텐베르크에서 종교개혁을 이끌었던 인문주의자 멜란히톤은 이 둘 사이의 갈등을 중재하기 위해 부단히 노력했다. 그는 에라스무스의 '사람에 대한 애정'과 루터의 '하나님에 대한 열심' 중, 어느 것도 버리지 않고 모두 수용하기 위해 애썼다.

역사적 관점에서 보면, 루터와 에라스무스는 차이보다 공통점이 더 많았다. 성경을 최고의 권위로 인정했고, 그리스도의 은총 없이는 구원에 이를 수 없다는 입장도 동일했다. 당시 가톨릭교회가 교황제도를 중심으로 본질에서 벗어났다는 비판도 같았고, 당시 교회가 어떤 식으로든 변화해야 하며 그 중심에 성직자들의 윤리적 실천이 있어야 한다는 의견에도 일치했다. 하지만 죄의 문제에 몸부림치며 고행을 자처하면서까지 하나님의 구원을 갈망했던 루터와 가난으로 인한 생존의 기로 속에서 자유를 갈망하며 독립된 자아로 살고 싶었던 에라스무스는 다른 길을 걸을 수밖에 없었던 듯하다.

그들은 달랐지만 어느 누구도 틀리지 않았다. 그들은 하나님을 향한 '진심'에 인생을 걸었고, 그들이 바랐던 하나님과 교회는 여전히 우리 속에 과제로 남아 있다. 틀림에 '저항'하고, 다름을 '이해'하는 것 역시 우리 시대의 숙제인 듯하다.

필자 소개

김두식 목사는 2017년 디아코니아를 공부하기 위하여 독일에 왔으며, 현재 하이델베르크 대학교에서 "다문화 사회 속에서 교회의 디아코니아적 사역"에 대하여 연구 중에 있다. 연구 후에는 동서 분단의 비극을 극복해 나가고 있는 독일 교회를 본받아 남북분단의 상처를 치유하는 일에 작은 밀알이 되기를 소망하고 있다. 세계가 코로나로 어려움을 겪던 2021년에 칼스루에한인교회의 청빙을 받아 담임으로 섬기고 있다. 교우들과의 커피 한 잔과 밥상 교제에 기쁨을 누리는 소박한 목회에 감사하며 사역하고 있다. 가족으로는 아내 김정현 선교사와 세 딸(서윤, 하윤, 예윤)이 있다.

루터와
농민전쟁

　주일 아침이면 아직도 교회의 종소리를 들을 수 있는 독일은 전체 인구의 약 50%(개신교: 약 24%, 가톨릭: 약26%)가 기독교인이다(EKD, 2021). 개신교와 가톨릭의 비율에 큰 차이는 없지만, 개신교인은 주로 북부 지역에 집중되어 있고, 가톨릭 교인은 남부 지역에 집중되어 있다. 이러한 지역적인 특이점은 공교롭게도 농민전쟁이 일어났던 지역과 그렇지 않은 지역으로 나뉜다. 농민 전쟁이 일어났던 지역 가운데 바이에른 주는 가톨릭의 영향력이 다른 곳보다 훨씬 크다. 특히 바이에른주의 라이프하임(Leipheim)은 진압군에 의해 약 천여 명의 농민들이 학살을 당해 도나우(Donau) 강에 던져졌던 비극의 도시로, 농민들이 루터파를 끝까지 거부했으며 현재까지도 이곳은 가톨릭이 주류인 도시로 남아 있다. 물론 그 이유를 농민전쟁의 결과라고 단순화 할 수는 없지만 상당한 원인으로는 볼 수 있겠다.

농민전쟁이 일어났을 때 루터의 태도가 농민들에게 얼마나 큰 실망감을 주었는지, 대부분의 농민들은 루터에 대한 지지를 철회하고 다시 가톨릭으로 돌아갔다. 500년 전 그곳에 어떤 일이 있었길래, 왜 농민전쟁이 일어났으며, 루터는 왜 그런 입장을 취했는지 역사 속에서 알아보자.

농민전쟁의 원인

중세 인구의 약 80%는 농민들이었으며, 과도한 소작료와 세금(보호세, 사망세, 인두세 등)으로 착취당하여 피폐해졌다. 온갖 종류의 세금은 빚으로 이어졌고, 죽더라도 그 빚이 다음 세대로 대물림되는 비참한 삶을 살아야 했다. 물론 농민이라고 해서 다 몰락하거나 가난한 것은 아니었다. 농민전쟁 당시에도 부유한 농민들이 있었고, 그들은 경제적 개선을 넘어서 정치적 참여를 희망하였다. 즉 자신들의 불명확한 법적 권리를 개선하기 위해 농민전쟁에 참여한 것이다. 그러나 농민전쟁의 으뜸되는 원인은 역시 대다수의 농민들이 겪어야 했던 궁핍과 빈곤, 곧 경제적 어려움이었다.

16세기 초 독일은 절대 왕정 체제를 구축하지 못하고 66개의 자유도시와 240개의 영주국으로 이루어져 있었고, 각 지역의 영주들은 서로 심각한 대립 양상을 보였다. 로마 교황청은 이러한 정치적 상황을 교묘히 이용하면서 교황청의 적자 재정을 채우기 위한 목적으로 독일을 주요 수탈 대상으로 삼았다. 한편 독일에서는 나름대로 영주들이 세력을 확장하고 통치력을 강화하기 위한 목적으로 관료제를 도입하고 있었다.

그런데 관료제를 유지하기 위해서는 막대한 재정이 필요했으므로 영주들은 농민들에게 새로운 조세(租稅)를 부과해야 했다. 그 결과 많은 농민들은 소유권이 전혀 없는 농노로, 혹은 그 어떤 권리도 없는 노예로 전락해 버리고 말았다.

이런 상황에서 루터의 종교개혁은 농민들로 하여금 새로운 세상을 기대하도록 했다. 특히 루터가 『그리스도인의 자유』(Von der Freiheit eines Christenmenschen, 1520)에서 "그리스도인은 만물에 대해 자유로운 주인이며 누구에게도 예속되지 않는다"고 주장하자 농민들은 환호했다. 또한 신성 불가침이라 여겨졌던 교황을 비판하면서 만인제사장직을 주장하는 루터의 글, 『독일의 크리스천 귀족에게 고함』(An den christlichen Adel deutscher Nation, 1520) 역시 농민들로 하여금 새로운 세상을 꿈꾸게 하였다.

농민전쟁 발발과 『12개 요구조항』

1524년 6월, 과도한 세금과 노동에 지친 농민들이 독일 남부 슈바벤(Schwaben)에서 봉기를 일으켰다. 한스 뮐러(Hans Müller)라는 군인 출신의 선동가가 주동이 된 농민 봉기는 순식간에 독일 전역으로 번져 나갔으며, 1524년 말에는 독일의 3분의 1정도가 농민의 수중에 들어갔다. 그리고 이듬해 2월에 이르러 대규모 농민전쟁으로 발전했다. 이때 쓰여진 슈바벤 지역 농민들의 『12개 요구조항』(Zwölf Artikel, 1525)은 농민들이 봉기하게 된 동기와 목적이 무엇인가를 뚜렷이 보여준다.

『12개 요구조항』의 서문에는 농민들의 봉기 목적이 "복음의 소리를 듣고 복음에 맞는 생활을 하기 위한 것"이라 밝히고 있는데, 그것은 구체적으로 예수의 말씀과 생애가 가르쳐 주는 사랑, 평화, 화합의 정신에 입각한 생활임을 가리켰다. 즉 농민들은 농민전쟁의 명분을 복음에서 찾았으며 농민들의 주장이 루터나 종교개혁자들의 사상과 별로 다르지 않다고 생각했다. 그래서 농민들은 영주들과 협정을 이끌어 낼 수 있으리라 기대하였다. 그러나 영주들은 처음부터 농민들의 요구조항을 들어 줄 마음이 없었다.

『12개 요구조항』의 내용은 당시로서는 매우 파격적인 것으로 주요 내용을 간단하게 정리하면 다음과 같다. 1조에서는 지역의 목회자를 자신들이 직접 선출할 수 있는 권리를 요구했고, 선출된 목회자는 자신의

『12개 요구조항』 표지

말이 아니라 오직 거룩한 말씀을 충실히 전할 것을 요구했다. 2조는 과도한 십일조 요구를 하지 말 것, 3조는 목회자나 고위층이 농민들을 농노(serf)로 부리는 것에 대한 반대요구가, 4조와 5조는 당시 지배계층만 사용할 수 있었던 공유지를 농민들도 사용할 수 있게 해달라는 요구가, 6-9조는 농민들의 불공평한 처우를 개선해 줄 것에 대해서, 10조는 교회가 소유한 땅을 마을 주민들이 공동으로 사용할 수 있도록 해달라는 요구였다. 11조에서는 불공정한 상속세 요구를 철회해줄 것을 요구했고, 마지막으로 12조에서는 이러한 요구들이 하나님의 말씀에 합당한 것임을 분명히 하며 "만일 이 요구 조항 중 어느 하나라도 하나님의 말씀에 위배되는 것이 있다면 즉시 철회하겠다"고 선언하였다.

루터의 태도변화

많은 사람들은 루터의 종교개혁이 영주들의 지지가 없었더라면 성공하지 못했을 것이라 보고, 그런 루터가 현실적 역학관계 속에서 영주들을 저버릴 수 없어서 농민들을 외면했다고 본다. 이는 설득력 있는 주장이긴 하지만 당시 상황 속에서 볼 때 오해의 요소도 많다. 이 오해는 당시 루터가 쓴 글에만 집중한 나머지 루터의 상황에 대한 고려가 없기 때문으로 보인다.

슈바벤 농민들이 2월 말 혹은 3월 초에 작성한 『12개 요구조항』을 루터는 4월 중순쯤 만스펠트에서 늦게 받았다. 루터가 어린시절을 보낸 만스펠트의 기숙학교 설립 예배 때문에 몇 주 동안 그곳에 가 있었기 때문이다. 루터는 만스펠트에서 곧바로 『평화를 위한 권고』(*Ermahnung zum Frieden*, 1525)를 썼다. 그 글에서 루터는 영주들에 대한 비판과 함께 농민들의 주장에 대한 자신의 입장을 보여주었다.

이 글의 첫 머리에서 루터는 "이 파괴적인 반란을 자초한 것은 여러분 제후와 영주들"이라고 말했다. 그리고 "그들은 사치와 방종한 생활을 누리기 위해 백성을 속이고 강탈하는 일에 전념해 왔다. 가난한 백성들은 이제 더 이상 그것을 참을 수가 없었다"고 개탄하였다. 그러면서 루터는, "사치와 낭비를 억제하여 가난한 사람에게도 그 혜택이 조금은 돌아가게 해야 되지 않겠는가?"라고 영주들에게 호소하였다. 동시에 루

『살인과 약탈을 일삼는 농민 무리들에 맞서』 표지

터는 농민들에게 자신들의 명분이 아무리 옳을지라도 폭력을 사용하는 것은 잘못이라고 지적하였다. 더욱이 폭력행사를 복음으로 정당화시키지 말라고 경고하였다. 이처럼 루터는 『평화를 위한 권고』를 제시할 때만 해도 중재를 위해 노력했다. 하지만 어느 순간 루터의 태도는 180도 바뀌었다. 그 이유가 무엇이었을까?

논란이 되는 루터의 『살인과 약탈을 일삼는 농민 무리들에 맞서』 (*Wider die Mordischen und Reubischen Rotten der Bawren*)라는 글은 1525년 5월 초에 쓴 것으로 보인다. 루터는 4월 중순에 만스펠트에서의 일정을 마치고 비텐베르크로 가는 중에 12개 성을 거쳐가며 성들이 완전히 초토화된 것을 목격했다. 성난 농민들이 루터의 눈 앞에서 부녀자들을 폭행하고 심지어 아이들을 죽이는 장면까지 목격했다고 전해진다. 그리고 5월 초 비텐베르크에 도착한 루터는 『살인과 약탈을 일삼는 농민 무리들에 맞서』라는 글을 썼다. 『평화를 위한 권고』와 『살인과 약탈을 일삼는 농민 무리들에 맞서』라는 글 사이에 이러한 루터의 상황이 있었던 것이다.

당시 최고의 베스트셀러 작가였던 마르틴 루터의 이 자극적인 글은 인쇄업자들에게 가장 좋은 돈벌이 수단으로 보였을 것이다. 루터는 이 글에서 농민들을 무자비하게 제압할 것을 권고하였는데, 이 글의 영향력은 출판의 바람을 타고 예상보다 더 멀리 날아갔다. 권력을 가진 영주들에게는 "무자비한 제압" 혹은 "죽여도 좋다"는 글이 가장 크게 보였을 것이다. 루터의 글이 권력자들의 이해를 위해 재해석된 것이다.

이 글이 출판되고 루터는 농민들의 배반자로 낙인 찍혔다. 당연한 결과이지만 살육 당한 농민들은 루터에 대한 지지를 철회하고 루터의 종교개혁운동에서 이탈하였다. 루터에게 실망한 농민들은 뮌처를 중심으로 다시 결속하게 된다.

토마스 뮌처

농민전쟁에서 결코 빼놓을 수 없는 인물은 토마스 뮌처이다. 그는 농민전쟁을 통해서 종교개혁을 완수하려고 시도한 개혁자다. 뮌처도 한때는 영주들과 함께 새로운 세상을 건설하는 꿈을 꾸었다. 그러나 이미 기득권을 누리고 있는 영주들과 부호들은 인간 평등, 재산 공유, 그리고 균등한 분배의 세상을 외치는 뮌처의 외침을 무시하거나 묵살하였다. 뮌처의 설교권을 빼앗고 그를 도시로부터 추방하였다. 결국 뮌처는 농민들과 함께 평등한 사회를 세우고자 하였다.

TOMAS MVNCER PREDIGER ZV ÂLSTET IN DVRINGEN.

토마스 뮌처

루터와 뮌처에게 주어진 현실은 영주들과 함께 혹은 농민들과 함께 개혁을 이루어 가야 하는 것이었지만, 사실 두 사람 사이에는 사상적으로나 신학적으로 동지가 되기 어려운 명백한 선이 있었다. 루터는 하나님께서 두 가지 정부, 즉 교회와 국가를 통하여 인간을 다스리신다고 보았으며, 영적 정부인 교회는 구원을 위해서 말씀

루터를 말한다 루터가 말한다

을, 세상 정부인 국가는 평화와 질서를 위해서 칼과 법을 사용한다고 보았다. 그래서 국가는 하나님이 인간을 통치하시는 두 가지 방식 중의 하나이므로 그리스도인은 어떤 경우에도 국가의 통치에 순종해야 한다는 입장이었다.

　루터의 이러한 주장 반대편에 서 있었던 인물이 뮌처다. 그는 한때 루터의 추천으로 츠비카우(Zwickau)의 설교자가 될 만큼 루터를 추종했다. 그러나 뮌처는 츠비카우에서 하층민(광부, 수공업자 등)이 출석하는 성 카타리넨교회(St. Katharinenkirche)의 설교자가 되면서 하층민들의 비참한 삶을 목도한 뒤 사상이 바뀌어 갔다. 뮌처는 루터의 주장 반대편에 서서 루터를 새로운 '비텐베르크의 교황'이라고 비판했다. 그는 종말은 이미 다가왔으므로 저항해서라도 천년왕국의 길을 준비해야 한다고 했다. 특별히 1525년 4월 튀링엔(Thuringen) 농민봉기가 일어나자 이것을 천년왕국 도래의 징조로 생각했다. 그는 흰색 바탕에 하나님과의 계약을 상징하는 무지개를 그린 깃발을 앞세우고, 추종자 2천여 명과 '하나님의 영원한 동맹'(Ewiger Bund Gottes) 이라는 군대를 조직했다. 그러나 영주군들의 무자비한 화력 앞에 1525년 5월, 프랑켄하우젠(Frankenhausen)에서 완전히 진압되고 말았다. 뮌처는 체포되어 모진 고문을 당하였고 "영주든 백작이든 귀족이든 만인은 평등하다는 원리를 행하고자 하지 않는 사람은 누구나 그 목을 치거나 교수대에 매달려야 한다"는 말을 남긴 채 1525년 5월 27일에 참수형을 당했고 그의 시신은 네 토막으로 잘렸다.

농민전쟁의 결과와 루터의 한계

농민전쟁 가담자 약 30만 명 중 최소 7만 명에서 최대 10만 명에 육박하는 농민들이 학살당했다. 농민전쟁에서 승리한 영주들은 반란 지역에 배상금을 청구하였고, 전쟁 비용의 약 2배를 갈취해 갔다. 결국 농민전쟁의 실질적인 혜택은 영주들이 누리게 되었고, 루터는 종교개혁의 중요한 한 축이었던 농민 세력을 잃게 된다.

농민전쟁 이후에는 종교개혁 진영에서도 영주들이 중심 세력으로 급부상하게 된다. 루터는 농민전쟁이 진압된 다음 해인 1526년 슈파이어 제국의회(Reichstag zu Speyer)에서 작센의 선제후에게 작센 지역의 교회들을 시찰할 것을 요청하였다. 왜 루터는 교회 시찰을 세속 영주에게 요청한 것일까? 루터는 가톨릭 주교들이 해오던 교회 시찰이 제대로 이루어지지 못하자, 이 권한을 영주들에게 주어 가톨릭에 맞서도록 '비상감독권'을 요청한 것이다. 그런데 이것이 계기가 되어 루터파를 지지하는 영주들도 자신의 영토 내에 있는 교회에 대한 감독권을 서서히 행사하기 시작했다. 루터는 이러한 조치가 당시 무질서의 상황을 극복할 잠정적인 해결책이라고 여겼으나 그 사이에 교회의 재산 대부분이 영주들의 소유가 되었고, 영주들은 교회에 대한 감독권을 내주기보다는 오히려 교회를 감독할 통제권을 더욱 행사하게 되었다. 영주들 입장에서는 '비상감독권' 행사가 정치권력과 경제적 이익을 강화할 수 있는 유용한 수단이 된 것이다.

농민전쟁의 시작과 끝을 생각하면 아니러니하다. 루터의 종교개혁 메시지에 영향을 받은 이들이 농민전쟁을 일으켰으나, 루터가 쓴 또 다른 글로 인해 농민전쟁은 비극으로 끝났다. 루터가 직면한 상황에 대한 평가가 없을 때 이 아이러니는 풀리지 않고 더 큰 오해를 낳는듯 하다. 분명히 루터의 글에는 반란에 가담하는 농민들을 죽이라는 주문이 들어있다. 하지만 역사를 평가하는 사람은 단순히 그 글에 담긴 격정의 어조뿐 아니라 그가 왜 그런 말을 했는지, 그의 고민은 무엇이었는지, 상황을 살피는 노력이 필요하지 않을까.

루터의 『95개 논제』가 종교개혁이라는 이름으로 시작될 것을 몰랐듯이, 루터의 『살인과 약탈을 일삼는 농민 무리들에 맞서』라는 글로 인해

농민들의 봉기(Hans Lützelburger, 1526년 작)

농민들이 무차별하게 학살 당하고 영주들의 이익을 대변하게 될 것이라고 생각이나 했을까. 시대에 대한 공감과 이해, 그것이 역사에 대한 책임 있는 평가이지 않을까.

　루터는 목숨을 건 교회 개혁자지만, 사회개혁에 있어서 분명한 한계를 가지고 있었다. 루터가 한계를 가지고 있다고 해서 비열한 위선자라거나, 자신의 안위를 위해 영주들의 편에 서서 무고한 농민들을 학살하게 했다는 평가는 큰 오해이다. 루터도 분명한 한계를 가진 '그 시대의 아들'이었을 뿐이다.

필자 소개

남진열 목사는 2003년 10월 총회 파송 선교사로 독일에 왔으며, 뮌헨한인교회와 뮌헨복음교회를 담임했다. 현재는 작은 농촌교회인 화천의 간척교회를 섬기고 있다. 젊은 시절 어린이 제자훈련 교재를 집필하였던 경험을 살려서 어른을 위한 교재 혹은 기독교 웹툰을 구상 중이다. 작은 마을이나 좁은 골목 길에서 여행의 묘미를 즐기는 것이 취미이다. 가족으로는 아내 정계영과 두 자녀가 있다.

루터와
교육

종교개혁 당시 수도원은 예배와 경건의 장소일 뿐 아니라 소위 3R, 즉 읽기(Reading), 쓰기(wRiting), 셈하기(aRithmetic) 등을 배우던 교육 기관의 역할을 수행했다. 하지만 루터의 종교개혁이 일어나자 많은 수도원이 문을 닫게 되었고, 그래서 혹자는 이 시기를 교육역사의 암흑기라고 비판하기도 한다. 단순히 이런 이유로 일반 교육 역사에서 루터는 비난의 화살을 맞아야만 했을까? 루터가 전통적인 일반 교육 관점에서 이러한 힐난을 받는 동안, 개신교의 입장에서는 루터의 종교개혁을 지나치게 개인적인 신앙의 눈으로 보는 경향이 있었다. 하지만 루터의 종교개혁은 분명 개인의 신앙뿐만 아니라 일반 교육의 차원에서도 중요한 의미를 지니고 있다. 과연 루터의 종교개혁은 우리에게 어떤 교육적 유산을 남겼을까?

필수 교육으로서의 학교 시작: 학교와 종교수업

(Schule und Religionsunterricht)

"학교 다녀오겠습니다."

오늘날 매일 아침 우리 아이들이 집을 나서며 하는 이런 인사는 16세기 루터 이전 시대에는 당연한 것이 아니었다. 모든 어린이들에게 학업의 기회가 주어진 것은 아니기 때문이다. 더군다나 수도원학교에서도 선별된 남자아이들만 교육을 받을 수 있었을 뿐, 상대적으로 여자아이들에게는 배움의 기회가 주어지지 않았다. 루터는 이러한 교육 불평등의 현실을 신학적으로 용납할 수 없었다. 모든 이들이 복음을 듣고 이해해야 한다는 루터의 신학적 신념은 확고했다. 그리고 이를 실현하기 위해서는 남자든 여자든, 어른이든 어린이든, 모두가 복음을 이해하기 위한 공동 배움의 장소, 즉 '학교'라는 제도가 필요하다고 생각했다.

『독일의 크리스천 귀족에게 고함』 표지

루터의 글『독일의 크리스천 귀족에게 고함』(*An den christlichen Adel deutscher Nation*)에는 그의 교육적 관심이 잘 드러난다. "초등학교와 고등학교에서 성경은 무엇보다도 가장 중요하고 보편적인 수업이 되어야 하며, 소년들을 위해 복음을 가르쳐야 합니다!" 루터에게 있어서 교육의 궁극적 목적은 복음을 듣고 이해하는 것이었다. 따라서 루터는 이러한 교육이 소년들 뿐 아니라 소녀들에게도 이루어져야 한다고 강력하게 주장했다. 그리고 '소녀학교' 설립을 귀족들에게 강력하게 제안했다. 당시 전무했던 소녀학교의 설립도 건의하는 모습은 오늘날 교육받지 못하는 경계선의 어린이들에게 학업권을 보장해야 한다는 목소리처럼 강렬하고 실천적인 교육적 관심이었다. 교육적 관점에서 본다면 루터는 근대 학교 시스템의 선구자였다고 할 수 있다.

루터는 또한 멜란히톤과 함께 구체적인 학교의 수업 구성 및 내용에 대한 자세한 지침서도 작성, 제공하였다. 루터는『작센의 선제후에 속한 목회자 지침서』(*Unterricht der Visitatoren an die Pfarrherrn im Kurfürstentum zu Sachsen*)에서 어린이들의 점진적이고 단계적인 이해를 돕기 위하여 세 그룹으로 나누어 수업을 진행할 것을 제안했다. 첫 번째 그룹에서는 교리문답을 암송하기 위하여 읽기와 쓰기 학습이 진행되었다. 두 번째 그룹에서는 교리교육을 더욱 심화하는 수업들을 진행하고, 세 번째 단계에서는 교리문답과 성경을 병행하여 가르쳤다. 이러한 지침서에서 우리는 이미 16세기 중반 루터에 의해 오늘날의 '학급/학년'이라는 분류가 시도되었음을 알 수 있다. 이 과정에서 교사는 이 교리문답의 단계별 이해를 위하여 효과적인 질문법을 사용해야만 했다.

오늘날 교육에서 흔히 말하는 학생 수준별 학습, 단계별 그룹학습이 이미 루터의 종교개혁시대 교육형태에서 시작되었다고 할 수 있다.

모두가 이해할 수 있는 신앙의 내용: 교리문답(Katechismus)

신앙의 개념을 집약적으로 정리하고 표현하는 것은 그리 쉬운 일이 아니다. 루터의 관심은 '기독교 신앙' 자체를 개개인이 기초적으로 이해하는 것이었다. 이를 위해서 학교라는 시스템도 필요했지만, '기독교 신앙'을 기초적 지식으로 압축하여 집약적으로 표현하는 내용의 과정이 필요했다. 이런 의미에서 오늘 우리가 말하는 소교리문답, 즉 어린이들

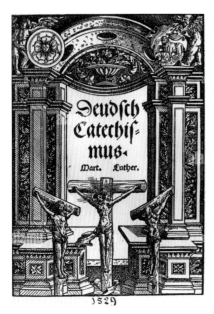

『루터의 대교리문답』 표지

이 배워야 하고, 이해할 수 있는 신앙의 요약 지침서가 필요했다. 루터는 소교리문답 서문에서 "마을에 있는 일반인들은 기독교의 가르침을 전혀 이해하지 못하고 있고, 많은 사제들은 이것을 가르치는 데 어눌하고 미숙할 뿐"이라며 당시의 교육 문제를 지적했다. 뿐만 아니라 대교리문답 서문에서는 "사제와 설교가들은 그들의 임무와 가르침을 소홀히 여기고 태만하며, 그저 자신들의 게으름과 사리사욕에만 사로잡혀 있다"고 비판했다. 그러면서 어른 뿐 아니라 어린이들까지도 하나님의 말씀을 '매일' 읽으면서, 사도신경과 주기도문 그리고 십계명을 이해할 수 있는 요약 지침서가 필요함을 강조했다.

교육적으로 주목할 것은 루터가 "어린이들이 학교에서 교리문답에 매일 익숙해져야 하고, 그것을 즐겁게 배울 수 있어야 한다"고 강조했다는 점이다. 이런 강조의 이면에는 '만인제사장'(Priestertum aller Gläubigen)이라는 신학적 신념이 있었다. 이것은 어린이들을 교육대상으로 진지하게 생각하는 출발점이 되었을 뿐 아니라, '신앙'이라는 개념을 하나의 교재로 만들어 교육하는 실천적 시도가 이루어졌다는 점에서 주목할 만하다. 오늘의 교육용어로 표현해 보자면, 이미 루터의 소교리문답에서 학습자 이해, 교육내용 선별작업이 이뤄진 것이다.

가정에서의 밥상머리 교육: 아버지 교사와 『탁상담화』

우리말에 "밥상머리 교육"이란 말이 있다. 가정에서 자연스럽게 이루어지는 부모-자녀의 대화교육의 중요성을 강조하는 말이 아닐까? 루터도 이런 밥상머리교육의 중요성을 알고 있었다. 즉 학교, 교회, 가정이 하나 되는 교육을 강조한 것이다. 루터의 교육관에 따르면 교리문답은 가정에서부터 암송하고 배워야 했다. 교사나 목사가 모든 성도들의 집에서 가르칠 수는 없었을 것이다. 그래서 루터는 아버지의 교사 역할을 강조한다. 아버지는 한 가정의 제사장이자 교사였기 때문이다. 교회의 사제만이 교육을 감당하는 것이 아니라 만인제사장으로서 일반 가정의 아버지도 사제만큼 그 역할을 감당할 자격과 의무를 지닌 것이다.

루터는 자신의 가정에서 이러한 생각을 몸소 실천했다. 루터의 『탁상

『탁상담화』 표지

담화』(Martin Luthers Tisch-reden)를 보면 1531년에 그의 아들 한스가 4세도 되지 않았을 때부터 교리문답을 가르치기 시작했음을 알 수 있다. 그로부터 2년 후에는 한스가 매일 교리문답을 암기했다고 한다. 루터는 이렇게 가정에서 어린이들이 기도를 반복적으로 훈련하면서 독립적으로 기도 언어를 발전시킬 수 있다고 믿었다.

전통과 삶의 경험을 연결하는 원포인트 교육: 기초화(Elementarisierung)

독일의 교육학에서 전통의 내용, 학습자의 경험, 대화 방법, 교육의 목적이 통합적으로 일치되는 가르침과 배움의 과정을 기초화 과정(Elementarisierung)이라고 한다. 그런데 많은 종교교육학자들은 현대의 기초화 이론의 특징을 루터에게서도 찾을 수 있다고 본다. 루터의 신앙 이해는 전통으로 이어져 오는 이론적인 지식 습득에 머무는 것이 아니라, 현재 삶의 자리에서 교육적인 개혁과 실천이 함께 이루어지는 것이기 때문이다. 교회나 학교에서의 신앙 교육만이 아니라 가정에서 아버지의 역할도 사제나 교사와 같은 무게로 강조되었다. 오늘날 교회에서 강조하고 있는 원포인트 교육(온 가족이 함께 같은 말씀으로 공유하고 함께 배우는 신앙 교육 형태)이 그 당시에 이미 시도되었다고도 말할 수 있다.

루터는 교회개혁뿐 아니라 교육 개혁에도 이바지했다. 그의 신학적 관점은 단순히 사변적인 외침이 아니라, 하나님의 말씀을 구체적으로 이해하고 가르치고자 하는 교육 실천이었다. 이런 종교개혁의 유산은 내용적, 구조적, 방법론적으로도 오늘날 교육 형태의 초석을 다졌다고 할 수 있다.

루터에게 있어 사람은 하나님께서 부르신 곳에서 마땅한 역할을 해야 하는 책임이 있다고 보았다. 사람이 사는 세상은 하나님께서 부르신 곳이고, 그 속에서 하나님의 뜻이 실현되도록 노력해야 한다. 이런 루터에게 있어 교육은 하나님을 섬기기 위한 훈련이자, 하나님이 불러주신 자리에서 책임을 다하기 위한 과정이다. 교육을 받아야 하나님의 말씀을 바르게 이해할 수 있고, 하나님의 뜻에 따라 살아갈 수 있다. 종교개혁자 루터가 왜 교육에 관심을 가졌는지, 잘 가르치고, 잘 배우는 것이 왜 종교개혁의 자리에서 중요했는지 생각해 본다. 그리고 오늘날 우리의 자리를 생각한다. 교육은 하나님의 뜻에 합당하게 살아가기 위해 필요한 것이지 인간의 욕망을 채우기 위해서 필요한 것이 아니다. 삶의 경쟁으로 내몰려 하나님을 잃어버리는 세상 속에서, 어떻게 하나님 앞에서 맡겨진 소명(Berufung)을 다할지 생각하는 교회 교육의 필요를 생각한다.

필자 소개

안정도 목사는 2014년 독일에 와서 2015년부터 독일 남부 지방한인교회에서 교육목사, 협동목사로 사역했으며, 2018년부터는 트로싱엔 한인교회를 담임하였다. 튀빙엔대학교(Universität Tübingen)에서 『성서수업, 기초화, 어린이 신학: 독일 성서교수학의 발전과 한국에서의 의미』란 논문으로 종교교육분야(Religionspädagogik) 신학박사 학위(Dr. Theol)를 취득했다. 2022년 6월, 아내 정현희, 딸 로이와 함께 독일 선교사 정신으로 한국에서의 새로운 삶을 살아가고 있다. 현재 장로회신학대학교에서 기독교교육 과목을 가르치며 연구하고 있다.

루터와
음악

1517년 10월 마지막 날, 서른네 살 된 루터에 의해 시작된 종교개혁은 많은 것을 바꿨다. 철옹성 같던 교회 권위에 이토록 '버릇없이' 저항하던 신세대 교수에 의해 닫혀 있던 신학이 열리고, 닫혀 있던 교회가 열리고, 닫혀 있던 예배도 열렸다. 루터가 인도하는 예배는 독일 사람들이 알아들을 수 있는 독일말로 진행되었고, 예배자들 손에는 독일어 성경과 회중용 찬송가 책이 들려 있었다.

교회는 처음부터 '노래하는 공동체'였다. 날마다 마음을 같이하여 하나님을 찬미했고, 시와 찬미와 신령한 노래로 하나님을 찬양했다. 그렇게 찬양 충만했던 초대교회 예배가 중세로 접어들면서 '절제와 진지함과 위엄을 가진' 미사로 대체되었다. 음악은 성직자와 극소수 전문가들의 전유물이 되었고, 노래를 빼앗긴 평신도들은 '그들만의 리그'를 구경

비텐베르크 성교회(이근복, 2022년 작)

하는 신세로 전락하고 말았다.

이런 현실을 묵과할 수 없었던 루터가 성경책을 높이 들고 외쳤다. "믿는 사람 모두가 제사장이다. 누구나 하나님 앞에 나아가 예배하고 말씀 듣고 기도하고 찬송할 수 있다." 흔히들 '만인제사장론'이라 하지만 '전신자제사장론'이 더 정확한 표현이겠다. 전신자제사장론은 평신도를 위한 '권리장전'이 되었고, 그에 힘입어 평신도의 노래할 권리가 회복되었다. 루터에게 교회란 건물이나 제도가 아니다. 전통이나 예전도 아니고 성직 계급은 더욱 아니다. 교회는 곧 믿는 사람들이다. 그래서 루터가 교회와 예배를 생각할 때, 사람들 곧 평신도가 매우 중요했다. 평신도가 자기 곡조, 자기 신앙고백, 자기 목소리로 노래하며 예배에 능동적으로 참여하는 것이 너무도 중요했다.

루터와 예배 음악

불멸의 히트곡 "내 주는 강한 성이요"는 황소가 뒷걸음질하다 쥐 잡은 게 아니다. 루터는 음악을 잘했다. 수십 곡의 찬송가를 작곡했는데, 그의 찬송가 악보는 독일 전역으로 퍼져 나갔고, 사람들은 '새 노래'가 담긴 이런 곡들을 목마르게 기다렸다. 노래도 잘했다. 루터는 비텐베르크 장안에서 소문난 '가수'였고, 특히 류트(Lute)라는 악기를 잘 다루었다. 류트는 생김새나 소리가 지금의 통기타와 비슷하다. 루터는 말하자면 16세기 통기타 세대였던 것이다.

루터는 전문음악인들과 협력해서 회중용 찬송가책 '코랄레'(Chorale)를 펴냈다. 그 안에는 새로 창작된 노래도 있지만, 기존 노래 선율에 노래가사를 새로 만들어 붙인 노래가 훨씬 많았다. 이렇게 '노래 가사 바꾸어 부르기'를 콘트라팍툼(Contrafactum)이라 한다. 세속 민요도 빌려왔고, 가톨릭 미사곡도 가져왔는데, 개중에는 루터 자신이 그토록 반대한 '마리아 숭배 노래'도 있었다. 가정과 학교와 시장에서, 심지어 술집에서 불리던 노래까지 포함되었다.

왜 루터는 비복음적인 노래나 세속적인 노래 선율 마저도 예배에 차용했을까? 루터에게 좋은 예배 음악이란 사람들에게 익숙한 것이어야 했다. 평신도가 잘 알고, 좋아하고, 쉽게 부를 수 있는 선율이 필요했다. 이런 대중적인 선율에 실린 복음은 순식간에 사람들 마음에 파고들었다. 그들은 자신들의 고백과 감사와 기쁨이 담긴 '새 노래'로 하나님을 찬양할 수 있었던 것이다. 물론 루터가 회중 음악만 옹호한 게 아니다. 전문적인 예술 음악도 크게 장려했다. 세련된 합창곡이나 연주곡들은 회중의 예배를 음악적으로 이끌었고 더 풍성하게 했다. 루터가 세상을 떠나고 139년 뒤 태어난 바흐(Johann Sebastian Bach)는 루터의 음악적 후손이다. 루터가 없었다면 음악의 아버지라 불리는 바흐도 없었을지 모른다.

예배 음악에 관한한 루터는 '실용주의자'라 하겠다. 루터의 실용주의 노선은 예배에 대한 현실적인 필요 때문이라기보다, 먼저 음악에 대한 루터의 생각 때문이다. 그는 음악에 대해 그 이전과 전혀 다르게 생각한 '음악신학자'였다. 루터에 따르면, 하나님이 음악을 창조하셨다. 그것을 인간에게 선물로 주셨다. 음악은 신성한 피조물이며 하나님의 선물이다. 그 음악으로 하나님을 마음껏 찬양하며 이 세상을 아름답게 가꾸도록 하셨다. 루터에게 모든 음악은 하나님이 지으셨기에 본디 거룩하다. 모든 음악은 하나님의 숨결을 머금고 있기에 본디 아름답다.

예배 음악에 대한 견해들

문제는 인간이다. 타락한 인간은 자기 욕망을 위해 음악을 오용하고 남용해서 타락시킨다. 예술 음악이나 전통적인 교회 음악이라 해서 예외가 아니다. 음악이 인간에 의해 타락했을 때 거룩한 음악은 없다. 그러나 하나님의 은혜로 믿음을 통해 의롭게 된 인간에게 거룩한 음악은 있다. 성령의 능력으로 믿음을 통해 성화 되어가는 인간에게 거룩한 음악은 있다. 하나님을 찬양하는 음악의 본래 목적이 회복될 때, 사람을 구원하고 세상을 변화시키는 존재 목적에 맞게 쓰임 받을 때 거룩한 음악은 있다.

거룩한가, 아닌가? 이것은 누가 무엇을 위해 어떻게 사용하느냐에 달려 있다. 하나님을 위해 하나님 뜻을 따라 구별되게 사용하면, 세속 음악도 '선한 능력으로'(von guten Mächten) 거룩해진다. 루터의 실용주의는 인간 욕구 충족을 위한 가벼운 실용주의가 아니라, 하나님 나라를 위한 거룩한 실용주의다.

예배에 어떤 음악을 사용해야 하는가? 16세기 종교개혁자들 사이에 논쟁이 있었다. 츠빙글리(Ulrich Zwingli)는 예배에서 모든 음악을 금지했다. 그는 "음악은 영적인 것이 아니고 물질적인 것이기에, 하나님 은총을 담을 수도 없고 운반할 수도 없다. 음악은 거룩한 것이 아니고 세속적인 것이기에, 거룩한 예배에 사용할 수 없다"고 했다. 실제로 츠빙글리는 자기 영향력 아래 있는 교회들에서 오르간을 모조리 꺼내 불살랐다. 하지만 '음악불가 예배'는 오래가지 못했다. 백 년도 지나지 않아 츠빙글리 후예들은 다시 음악으로 예배하기 시작했다. 교회는 노래하는 공동체이기 때문이다.

칼뱅(Jean Calvin)은 하나님 말씀의 절대성을 강조했다. 음악이 말씀의 명료성을 훼손하지 말아야 한다면서 예배에서 음악 사용을 제한적으로 허용했다. 악기는 츠빙글리처럼 전면 금지했다. 악기에는 하나님 말씀을 담을 수 없기 때문이다. 하지만 노래는 허용했다. 가사에 말씀을 담을 수 있기 때문이다. '제네바 시편가'라는 찬송가 책을 펴낼 만큼 노래를 장려했지만, 화음 없이 단선율로만 불러야 했다. 그것도 가사의 음절에 맞추어 절도 있게 불러야 했다. 화음을 쓰거나 교차 선율을 쓰면 가사가 명료하게 들리지 않는다는 이유에서다. 칼뱅이 음악을 잘 몰랐던 것이다. 화음이나 교차 선율을 잘 사용하면 가사가 더 효과적으로 전달될 수 있는데 말이다.

루터는 예배에 모든 종류의 음악을 환영했다. 거룩한 음악과 세속적 음악이 따로 있는 게 아니니까. 악기든 노래든 어떤 음악이든, 잘 다듬고 가꾸어서 예배에 적합하도록 사용하면 된다. 말씀의 통로, 은혜의 통로, 기도의 통로로 올바로 사용하면 된다. 어떤 종류의 음악이냐는 하나님께 아무 상관없다. 모두 하나님이 지으시고 듣기 좋다 하신 피조물이기 때문이다. 하나님은 어떤 음악으로도 영광 받으실 수 있다.

만일 칼뱅이 지금 한국 교회를 방문한다면 어떤 일이 벌어질까? 당장 오르간, 오케스트라, 찬양팀, 찬양대까지 죄다 추방될 것이다. 다행히도 우리는 예배 음악에 관한 한 칼뱅이 아니라 루터를 따르고 있다. 찬양사역자들은 루터에게 감사해야겠다.

음악이 아니고 사람이 문제다. 음악을 다루는 사람, 사람의 마음이 문제다. 하나님을 앙망하고 갈망하는 마음으로 연주하고 노래하는가? 영과 진리로, 진정 믿음으로 예배하는가? 하나님 말씀을 살아내고자 하는 맑은 마음인가? 그리고 예배 음악에는 사람들 삶의 질감과 무게가 담겨 있어야 한다. 성도들 신앙고백이 깊이 새겨진 찬양이어야 한다. 예배자들이 공감하며 함께할 수 있는 노래여야 한다. 예배는 언제나 하나님을 향해야 하지만, 음악은 언제나 회중의 것이어야 한다. 이것이 루터의 생각이다.

루터의 노래

1530년 루터가 쓴 미완성 글 '음악을 위하여'(Encomium Musices) 중에 이런 말이 있다.

> "나는 음악을 사랑한다. 음악을 저주하는 열심당이 마음에 들지 않는다. 음악은 하나님의 선물이며, 영혼을 즐겁게 하고, 마귀를 몰아내고, 죄 없는 기쁨을 일으키고, 이를 통해 분노와 욕정과 교만을 극복할 수 있기 때문이다."

요컨대, 김광석이 "나의 노래는 나의 힘"이라고 노래했듯이, 루터는 음악의 힘을 알고 있었다. '죄 없는 기쁨'으로 마귀를 몰아내고 영혼을 즐겁게 하는 힘이다. 분노, 욕정, 교만, 슬픔, 공포, 절망을 극복하는 힘이다. 하나님의 뜻을 따라 사용할 때 사람을 구원하는 거룩한 힘이 된

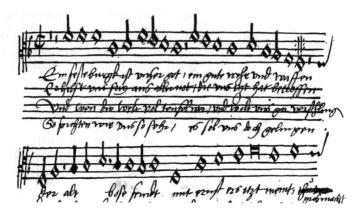

"내 주는 강한 성이요" 악보(J. Walter, 1530)

다. 생명을 살리고 세상을 변화시키는 거대한 힘이 된다.

"내 주는 강한 성이요", 이 찬송은 먼저 루터 자신에게 힘이 되었고, 나아가 16세기 유럽 종교개혁, 사회개혁을 북돋아준 거대한 힘이 되었다. 바울과 실라가 빌립보 감옥에 갇혔을 때 그들은 찬송했고, 큰 지진과 함께 옥문이 활짝 열렸다. 사울이 악령에 사로잡혔을 때 하나님은 다윗의 수금 연주를 통해 일하셨다. 찬송은 감옥을 무너뜨리는 힘이다. 음악은 악령을 추방하는 능력이다. 이 능력을 어떻게 쓸 것인가? 우리의 숙제다.

만일 루터가 지금 한국 사회를 방문하고 한국 교회를 돌아본다면 어떤 노래를 부르고 싶을까? 답답하고 막막한 세상, 부끄럽고 화나는 세상, 슬프고 아픈 세상에서 무슨 노래를 부를까? 고민이 될 것이다. 교회마저도 희망이 되지 못하고, 세상을 변화시키기는커녕 도리어 개혁의 대상이 되고 있으니까.

　　루터의 관심은 사람이었다. 지친 하루살이 고된 살아남기로 눈물짓는 사람들을 바라보면서, 고뇌하는 그리스도인들과 찬양사역자들을 바라보면서 루터는 어떤 노래를 부를까? 먼 이국 땅에서 하나님 나라를 위해 분투하고 있는 선교사들, 목회자들을 바라보면서 루터는 어떤 노래를 부를까? 일단 류트를 뚱땅뚱땅 연주하겠지. "응답하라, 1517!", "내 주는 강한 성이요"를 부를까? 아니 먼저 위로의 노래를 부를 것 같다. 절망하지 말고 힘내라고. 주님 우리와 함께하시니, 주님 우리를 이끌어 이기게 하실 것이니, 걱정하지 말고 다시 시작하자고. 루터가 부른다면, 이 노래도 거룩한 음악일까?

　　그대여 아무 걱정하지 말아요. 우리 함께 노래합시다.
　　그대 아픈 기억들 모두 그대여, 그대 가슴에 깊이 묻어버리고
　　(전인권 사·곡 "걱정말아요 그대")

필자 소개

주현신 목사는 음악을 전공하지 않은 노래꾼이다. 고등학생 시절 문학의 밤을 휩쓸고 다닌 기타 트리오 멤버였고, 대학생 시절 노래선교단원으로 소외된 곳을 찾아다니며 찬양집회를 했다. 이후엔 청년문화 기획자, 교육노래 활동가, 기독노래 운동가로 전전하며 '돈 안 되는' 썩 괜찮은 노래들을 생산해 냈다. 그는 목회를 음악적으로 연출하는 목사다. 장신대와 멜본신학교(Melbourne College of Divinity)에서 '예배와 음악' 관련 논문을 썼다. 멜본한인교회와 과천교회를 담임목사로 섬기면서 아름답고 아름다운 하나님 나라를 찬양해 왔다.

루터와
디아코니

독일 교회의 사회봉사기관인 디아코니(diakonie)는 비헤른 목사 (Johann Heinrich Wichern, 1808-1881)에 의해 설립되어 오늘에 이르고 있다. 그는 25세이던 1833년에 빈곤지역에 살던 "방치되고 교육이 어려운 아이들을 구하자"는 목적으로 '라우헨하우스'(Rauhen Haus)를 세웠다. 이후 인구 증가와 산업화, 개혁 실패 등으로 빈곤과 사회적 어려움

디아코니 로고

에 처한 사람들이 급증하자, 이들을 돕기 위해 1848년에 디아코니가 시작되었다. 디아코니는 현재 병원, 장애기관, 양로원 등의 기관을 운영하고, 노숙자 사역, 노인 요양, 유치원, 어린이 돌봄 등의 광범위한 사회봉사 영역까지 사회적 책임을 다하는 기관으로 발돋움했다. 하지만 사회봉사 개념으로서의 디아코니는 이미 오래된 전통을 가지고 있고, 종교개혁 이후 루터가 이해하고 시도했던 교회의 사회적 책임과 실천도 디아코니에 미친 영향이 적지 않다.

루터 이전의 디아코니

로마제국 시대가 저물어 갈 무렵 디아코니는 대체로 지역 교회를 중심으로 진행되었다. 이때 지역교회의 목회자는 당연히 추기경의 통제 아래 있었고, 사회봉사는 지역의 경제적 여건에 좌우되었다. 특히 이 시기는 농경문화에 기반하고 있어서 농사의 결과에 따라 사회경제가 크게 좌우되었고, 그에 따라 디아코니의 흐름도 바뀌었다. 그만큼 교회는 사회봉사라는 사회적 책임을 행정적, 사회구조적으로 확립하지 못하고 있었다.

이러한 문제점은 로마제국 이후 등장한 신성로마제국의 카를 대제(Karl der Große, 742-814)를 통해 새로운 전환점을 맞이했다. 그는 십일조가 구제에 사용되도록 하는 정책을 시행하도록 하였고 귀족 주도로 진행된 사회적 책임을 정책적으로 확립시켰다. 이러한 카를 대제의 결정은 마태복음 25장에서 영향을 받았다고 한다. 구제가 개인이나 교회를 넘어 제도적으로 시행되는 계기가 마련된 것이다. 이후 광범위하고 전문화된 구제가 수도원을 통해 이루어졌다. 14-15세기에 이르러 가난한 사람들에 대한 구제는 귀족 등 상위계층이 가져야 할 사회적 책임의 영역으로 인식되었다.

루터와 디아코니

초기 수도사로서의 루터는 죄와 구원의 문제에 매달리느라 사회문제에 대해 관심을 갖지 못했던 것 같다. 로마 방문 이후 성경에 대한 성찰과 신학적 사유는 현실 문제에 눈을 뜨게 하였다. 그럼에도 불구하고 루터는 여전히 가난 등의 사회적 문제를 제도적 관점이 아니라 개인의 자유와 책임의 관점에서 인식했다. 구제를 사회적 책임이라고 보기보다는 그리스도인 각자가 이웃사랑을 실천하는 것으로 해결되어야 한다고 생각했다.

이러한 루터의 생각은 종교개혁의 과정 중에 바뀌었다. 그는 사회문제를 구조적으로 해결하기 위해서 상류층의 역할이 필요하다고 보았으며, 『독일의 크리스천 귀족에게 고함』(An den christlichen Adel deutscher Nation)에서 세속 권위가 공동체를 위해 봉사해야 한다고 촉구했다. 평신도의 현실참여를 다양한 방식으로 제시한 셈이다. 그는 시 당국에도 구체적으로 사회적 책임을 실천할 것을 요구했다.

루터는 많은 사람들이 구걸하는 상황을 하나님의 뜻에 반하는 것이

라고 인식했다. 그는 이것을 그리스도인들이 가난한 자들을 위한 구제를 포기한 결과로 보았고, 교회가 이러한 상황을 용인하는 것은 수치라고 생각했다. 구걸에 대한 루터의 부정적 인식은 직업에 대한 생각에서도 나타난다. 직업(Beruf)은 하나님이 주신 소명(Berufung)으로 질서를 만들고 혼돈을 억제하는 힘을 가진다고 보았다. 그래서 일을 하는 행위를 자선을 위한 하나의 도구로 여겼다. 루터에게 있어서 구제는 하나님이 주신 것을 이웃에게 전하는 것이었고, 그것을 가능하도록 만드는 것이 직업이었던 것이다.

교회의 사회적 책임에 대한 루터의 생각은 1523년 라이스니히교회(Leisniger Stadtkirche St. Matthäi)의 구제 사역을 통해 구체화되었다. 라이스니히교회는 공동 금고(Gemeine Kasten)를 만들어 예배 때마다 헌금을 모아 구제에 사용했고, 최초의 개신교 교회 조례인 금고

라이스니히 조례

규정(Leisniger Kastenordnung)을 만들었다. 루터는 이 조례를 위해서 1522년과 1523년, 두 번에 걸쳐 열흘이나 라이스니히를 방문하며 규정을 위한 조언을 아끼지 않았다. 공동 금고는 10명의 세속 수장(귀족 2명, 평의원 2명, 시민 3명, 농부 3명)을 선출하여 관리하도록 하였다. 이는 교회가 사회문제인 빈곤 해결을 위해 어떻게 조직화되고 있었는지를 잘 보여준다.

루터는 교회의 역할뿐만 아니라 시 당국의 역할을 간과하지 않았다. 그는 시 당국에 사회적 책임을 강조하면서 구체적 방안을 수립할 것을 요청했다. 가난한 가정과 그 아이들에게 특별한 관심이 주어져야 할 것, 그들이 창업을 원할 경우 보조금을 지불할 것, 그리고 갑작스런 어려움에 직면한 자영업자들을 위해서는 보조금을 지불할 것 등을 요구했다. 자영업자들이 고리대금업자들에게 노출될 것을 막기 위한 방법이었다. 루터는 30-40%의 이자를 받았던 고리대금 업자들에 대한 비판도 서슴지 않았다.

루터는 질병으로 어려움을 겪는 이들을 위해 자원봉사 형태의 간병인을 구성하기도 하였다. 간병이 필요한 이들의 수요를 결정하고 자금 분배를 담당하는 사람들도 있었다. 간병 지원을 받을 수 있는 대상은 근면하고 성실하며 경건하게 사는 사람들이어야 했다. 그들에게는 식료품, 의류, 그리고 매주 1인당 30펜스의 현금이 중앙구제기금(Der zentrale Armenfonds)에서 지출되었다. 이 기금은 교회를 통해 모금되었는데, 일부 물품 판매와 교회 재산에서 얻는 수익금, 기부금, 수도원 해산을 통한 청산금 등이 포함되었다.

루터는 종교개혁 과정에서 소외되고 가난한 사람들에 대한 사회문제의 해결을 위해 많은 노력을 기울였다. 구제가 개인의 한계를 넘어 사회 공동체적 역할을 통해 이루어져야 한다는 그의 의지를 엿볼 수 있다. 지역안에서 발생한 빈곤의 문제를 공동체 구성원들이 함께 해결하려고 노력했고, 그가 진행했던 모든 사회봉사의 방식에서 공동체의 역할은 강조되었다. 그럼에도 한계는 존재했다. 시 의회는 지역에서 발생하는 빈민들을 구제해야 한다는 논리를 앞세웠고, 그로 인해 외부인들과 노숙자들에 대한 돌봄은 제외되었기 때문이다. 시간이 흐르면서 루터와 시의회는 문제를 해결하기 위한 이중전략을 선택했다. 시 당국은 가난한 사람들의 보살핌을 책임지고, 교회는 구제와 관련된 구체적 활동을 책임졌다. 이것이 어쩌면 지금 독일 디아코니의 구조로 이어졌다고 할 수 있겠다. 정부의 재정지원과 교회의 실천적 봉사가 결합된 형태이다.

정리하면, 루터의 디아코니적 사고는 수도원 시기와 종교개혁 시기로 크게 구분될 수 있다. 사회문제에 대한 인식에 있어 접근의 차이는 있었지만, 그는 수도원 시절에도 구원받은 인간이 이웃을 위해 구체적으로 활동해야 한다는 것을 분명하게 인식하고 있었다. 그 인식으로 인해, 이후 종교개혁 시기를 거치면서 사회의 빈곤문제를 해결하기 위해서는 귀족들과 제도권의 참여를 촉구하게 되었다. 이전의 교회중심, 사제중심의 구제활동에서 평신도들과 세속권력이 함께 참여하는 디아코니 활동이 이루어지도록 만들었다. 신성로마제국의 카를 대제가 마태복음 25장을 읽으면서 제국의 귀족들에게 십일조를 강조한 것도 같은 맥락이지 않을까. 그것을 700년 후에 살았던 루터가 구체화시켰다고 말하는 것은 아전인수격 해석일까.

필자 소개

어유성 목사는 2005년 10월 독일에서의 유학생활을 시작으로 빌레펠트(Bielfeld) 소재 베델신학대학(Kirchliche Hochschule Bethel)에서 디아코니아경영학(M.A)을 공부했고, 졸업과 함께 보훔한인교회에서 사역했다. 2017년 선교사로 모스크바 장신대에 파송되었으며, 2018년 11월부터 만하임주님의교회에서 담임목사로 섬기는 중이다. 취미는 전자제품 수리이며, 은퇴 후에는 은퇴 목회자들과 함께 찬양 밴드를 조직하여 드럼을 연주하기를 꿈꾸고 있다. 가족은 아내 장혜영 선교사와 하이델베르크 대학에서 박사 학위 취득 후 IT회사에서 근무하는 장남 성민과 대학졸업 후 요리사로 일하는 차남 성준, 그리고 사범대학교에 재학중인 며느리 Ari가 있다.

2부

루터 이후
개혁의 길

아우크스부르크 평화협정과 30년 종교전쟁

종교개혁이 온 유럽으로 진행되면서 신성로마제국 독일의 연방제후들은 가톨릭파와 루터파로 나뉘었다. 루터파로 인해 제국이 분열되는 것을 원하지 않았던 카를 5세는 루터가 죽던 해인 1546년 루터파에 가담한 제후들을 제거하기로 결심했다. 1547년 뮐베르크(Mühlberg) 전투에서 황제군이 대승했고, 그 결과 루터파 제후들의 슈말칼덴 동맹(Schmalkaldischer Bund)은 해체되고 말았다. 하지만 종교적 단일화를 통해 제국의 정치적 안정을 꾀하려고 했던 카를 5세의 목표는 이루어질 수 없었다. 루터파 프로테스탄트들은 정치적으로는 와해되었지만 계속해서 항쟁하였기 때문이다. 이와 같은 상황을 해결하고자 황제와 프로테스탄트 영주들이 맺은 조약이 아우크스부르크 평화협정(Augsburger Religionsfrieden)이다.

아우크스부르크 평화협정(1655년 100주년 기념 팜플렛)

평화협정을 통해 양쪽은 비록 서로를 내적으로는 인정하지 않더라도 서로의 존재 자체를 부정할 수 없게 되었다. 각 지역의 영주들은 가톨릭과 루터교 중 자신의 지역에서 종교를 스스로 결정할 수 있게 되었다. 따라서 영주의 종교가 곧 영주가 통치하는 지역의 종교가 되었다. 만약 영주의 종교를 원치 않는 주민들은 그 지역을 떠날 수 있는 이주의 권리가 주어졌다. 개인 스스로가 종교를 선택하지 못했고 칼뱅파와 같은 다른 프로테스탄트들은 인정받지 못했기에 갈등의 불씨는 여전히 남아 있었다.

다시 시작된 가톨릭과 개신교의 갈등

시간이 흐르면서 신성로마제국의 황제를 비롯하여 가톨릭 진영 안에서도 평화협정의 정신에 의문을 품는 자들이 나타나기 시작했다. 위기감을 느낀 개신교 진영 영주들은 자신들의 권리를 지키기 위해 1608년 개신교 동맹(Protestantische Union)을 결성하게 된다. 이들은 막강한 군사력을 보유하고 있던 프랑스와 손을 잡았다. 프랑스는 가톨릭 국가였지만 신성로마제국에서 스페인과 합스부르크 왕가를 견제하고 싶었기 때문이다. 그러자 가톨릭 진영에서는 그 다음 해에 가톨릭 연맹(Katholische Liga)을 결성하였다. 여기에 스페인이 가톨릭 연맹을 지원하기 시작하면서 사태는 점점 더 복잡해져 갔다.

프라하 투척사건과 30년 전쟁

신성로마제국의 보헤미아 왕국은 개신교 지역으로서 오스트리아의 왕이자 신성로마제국의 황제였던 마티아스 1세(Matthias Corvinus)로부터 엄청난 핍박을 받아왔는데, 1617년 보헤미아 왕위에 오른 합스부르크가의 페르디난트 2세(Ferdinand II)도 개신교도들에 대한 탄압을 멈추지 않았다. 개신교회를 폐쇄하고 개신교 예배 자체를 금지했으며 이에 항의하는 보헤미아 왕국 의회 자체를 해체해 버리고 모임을 금지했다. 이에 분노한 이 지역 귀족들은 1618년 5월 23일 무장하고 보헤미아 왕궁에 난입해 황제의 고문관 3명을 창 밖으로 던져버렸다. 이것이 바로 30년 전쟁의 발단이 된 '프라하 투척 사건'(Prager Fenstersturz)이다.

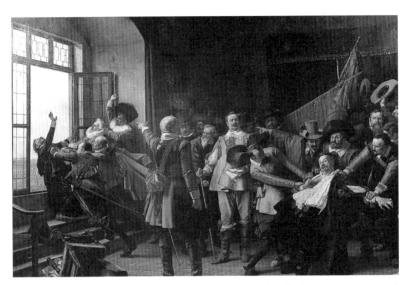

프라하 투척 사건(V. Brožík, 1889년 작)

　이러한 행위는 황제의 권위에 도전한 것으로 인식되었고 전쟁을 선포
한 것이나 다름 없었다. 보헤미아 귀족들은 황제와의 전쟁을 대비하기
시작했고, 군대를 조직하고 새로운 왕을 선출하기 위한 준비과정에 들
어갔다. 앞서 언급된 개신교 동맹을 찾아가 그곳의 수장이었던 팔츠지
역 선제후 프리드리히 5세(Friedrich V)를 새로운 왕으로 선출했다. 그러
자 페르디난트 2세는 군대를 동원하여 반란을 진압하려 했지만 보헤미
아 귀족들의 반발로 뜻을 이루지 못했다. 그러나 1619년 프랑크푸르트
에서 신성로마제국 황제의 자리에까지 오른 페르디난트 2세는 개신교
동맹 연합군과의 싸움에서 승리하기 위해 바이에른의 막시밀리안 1세
(Maximilian I)에게 도움을 요청하였다. 그는 막시밀리안 1세에게 개신
교 동맹 연합군과의 전쟁에서 승리할 경우 프리드리히 5세가 다스리던
팔츠지역을 주겠다고 약속하였다. 그러자 개신교 측은 보헤미아-팔츠

연합군을 구성하였고, 가톨릭 측은 황제, 바이에른, 합스부르크가 연맹군을 구성함으로써 개신교와 가톨릭의 대립은 보헤미아-팔츠 전쟁으로 발전하게 되었다. 개신교 연합군은 패배했고 보헤미아는 다시 가톨릭의 영향 아래 들어가게 되었다.

덴마크의 참전

신성로마제국 내에서 개신교 세력의 약화는 다른 유럽국가들의 개입을 불러왔고, 1625년 12월 영국, 네덜란드, 덴마크, 팔츠는 개신교 동맹을 결성하였다. 그 가운데 1626년 덴마크군은 가톨릭 연맹군과 싸워 패하였고, 평화조약을 맺을 수 밖에 없었다. 가톨릭 연맹군의 승리는 페르디난트 2세의 권력을 강화시켜 주었고, 개신교 영주들의 재산은 몰수되었다.

스웨덴과 프랑스의 참전

개신교파인 스웨덴은 개신교 진영의 영주들을 지원하기 위해 1630년 독일 북부에 상륙하였다. 동시에 신성로마제국을 견제하려고 했던 프랑스가 개신교 진영을 지원하였다. 스웨덴 군대는 가톨릭 연맹군과 싸워 승리하는 듯했으나, 1632년 라이프치히 전투에서 구스타프 2세가 전사하면서 전쟁은 소강 상태에 들어갔다. 이후 스페인을 중심으로 한 가톨릭 연합군은 스웨덴이 점령한 신성로마제국의 도시들을 되찾아 왔고, 개신교 진영들도 스웨덴을 지원하는 것을 중단하면서 1635년에 전쟁은 끝나는 듯했다.

프랑스는 신성로마제국이 강해지는 것을 견제하기 위해 다시 스웨덴
과 함께 가톨릭 연맹군과 전쟁을 하였으나 진전되지 않았고, 1637년 페
르디난트 2세가 죽으면서 신성로마제국의 영주들은 종전을 위한 협상을
하기 시작했다. 신성로마제국을 중심으로 한 가톨릭 연맹에 대항하던
개신교 동맹은 강력한 지원자였던 스웨덴, 프랑스와 함께 서로 유리한
조건을 만들기 위해 1648년까지 간헐적인 전쟁과 협상을 계속해 갔다.

베스트팔렌 조약

신상로마제국과 그 외의 유럽국가들, 가톨릭과 개신교 진영의 지역
적, 종교적인 갈등으로 1618년에 발발한 30년 전쟁은 뮌스터에서 작성
한 1648년 베스트팔렌 조약((Westfälischer Friede)으로 끝나게 되었다.
신성로마제국의 페르디난트 3세와 수많은 제국의 영주들, 프랑스, 스웨
덴은 최초의 국제 전쟁을 평화로운 조약으로 체결하여 유럽의 새로운
지형을 만들었다.

베스트팔렌 조약은 신성로마제국 내 영주들의 종교가 곧 영지의 종교
가 되도록 한 1555년 평화협정을 확인하였다. 그러나 그 영향력은 많이
약화되어 영주가 없는 지역은 개인적으로 자유롭게 종교의 결정권을 가
지게 되었다. 신성로마제국의 황제 영향력은 많이 약화되었고, 영주들
은 1624년 당시의 영지를 되찾을 수 있었다. 네덜란드는 스페인에서, 스

베스트팔렌 조약(G. Terborch, 1648년 작)

위스는 신성로마제국에서 독립하였다. 프랑스는 알자스 지방의 많은 도
시를 차지하게 되었다. 스웨덴은 독일의 북부 지역을 지배할 수 있게 되
었다. 이처럼 베스트팔렌 조약은 30년 전쟁을 마감하는 평화 조약이었
으며, 유럽의 정치적, 종교적 지형을 근대로 나아가게 하는 최초의 국제
법이었다.

필자 소개

이요한 목사는 2017년 독일에 와서 뮌스터대학 신학박사 과정 중에 있다. 유학 중 복흠한인교회의 부름을 받아 2020년부터 담임목사로 섬기고 있으며, 하루하루 주시는 은혜와 진리의 길을 따라 사역하고 있다. 또한 2023년 총회 독일 선교사로 파송받았으며, 현재 기독교재독한인교회협의회 임원으로도 섬기고 있다. 자연 속에서 산책하며 걷는 것을 좋아하고 사람들과 커피를 마시면서 담소를 나누는 것도 즐겨한다. 가족으로는 아내 나윤원 선교사와 두 남매 소은이와 예준이가 있다.

유럽의
종교개혁

독일에서 시작된 종교개혁은 유럽 거의 모든 나라에서 동조자들을 얻었다. 신앙적 열정에 민족적 자각, 권력자들의 동조, 그 밖의 원인들로 개신교는 상당수의 나라에 뿌리를 내리게 되었다.

프랑스의 종교개혁

프랑스의 개신교는 제네바의 자국 난민들에 의해 주도되었다. 그곳의 신학교는 많은 선교사들을 훈련시켜 파송하였다. 칼뱅주의자들은 프랑스에서 위그노(Huguenots)라고 불렸는데 장인들은 대체로 위그노였고, 농부들은 가톨릭 신자였다. 당시 중앙집권화된 프랑스는 절대왕권이 지배하였고, 대부분의 왕들은 신앙에 깊은 관심이 없었다. 그들에게 로마 가톨릭과 칼뱅주의는 "나라와 왕을 위해 이익이 되는가?"라는 질문 안에서만 이해되었다. 앙리 2세(Henri II)는 많은 개신교인들을 처형하였다. 그후 프랑스의 안정을 위해 단일 종교를 강요하는 것이 득보다 실이 많다고 판단한 왕들은 관용정책을 쓰려고 했으나 정치적인 이해관계 안에서 쉽게 변하였다.

프랑수아 2세(François II) 때에 가톨릭과 위그노들이 정치적으로도 뚜렷하게 나뉘었다. 이런 상황에서 위그노들은 왕위계승자가 어떤 인물인지에 따라 체제 유지파와 혁명파 사이를 오갈 수밖에 없었다. 처음에는 칼뱅처럼 주님만 바라보고 저항하지 않았지만 박해가 심해지자 위그노들은 결국 무장투쟁을 시작하였다. 루터파가 농민전쟁에 반대하며 영주들을 옹호했던 것처럼 비춰진 것과 달리 칼뱅파는 백성들과 함께하는 길을 걷는 것처럼 보였다.

샤를 9세(Charles IX) 때에 가톨릭과 위그노 사이의 분쟁 수위가 점점 높아지자 양쪽의 화해를 위한 프와시 회담(Colloquy of Poissy)이 주선되었다. 그러나 위그노들은 성만찬 논쟁에서 "그리스도의 몸은 하늘과 땅이 멀듯이 성찬의 떡과 포도주는 거리가 멀다"는 테오도르 베자(Theodore Beza)의 이론을 강력히 주장했다.

1562년 위그노들은 1월 칙령(Edict of January/Edict of Saint-Germain)을 통해 성벽이 있는 도시 밖에서는 공적 예배를, 성내에서는 개인적 집회를 가질 자유를 처음으로 허락받았다. 그러나 양쪽 사이의 분쟁은 가라앉지 않았다. 권력을 잃을까 두려워하던 샤를 9세의 명령에 따라 갑작

성 바돌로매 축일의 대학살(F. Dubois, 1572년 작)

스럽게 위그노 학살이 시작되었는데, 1572년 8월 23일에 벌어진 이 재앙을 성 바돌로매 축일의 대학살(Massacre de la Saint-Barthélemy)이라 부른다. 이 사건 이후 만 명이 넘는 위그노들이 죽었다.

수차례의 위그노 전쟁 끝에 앙리 4세(Henri IV)는 1598년 낭트 칙령(Edict of Nantes)을 반포했고, 프랑스에서 칼뱅주의를 공인했다. 개인적인 예배는 어디서나, 공적 예배는 3천여 귀족들의 영지를 포함하여 지정된 장소에서 드릴 수 있게 되었다. 이 외에도 위그노들은 학교에 입학하고 병원에 입원할 권리와 일체의 공직에 취임할 수 있는 시민권을 가지게 되었다. 87년 동안 이 칙령은 유지되었지만 다시 "한 신앙, 한 국왕, 한 법"의 원칙으로 복귀한 루이 14세(Louis XIV le Grand)에 의해 1685년에 폐지되었다. 1787년에서야 비로소 프랑스에서 개신교도에게 신앙의 자유가 주어졌다.

영국의 종교개혁

영국의 종교개혁은 1538년 헨리 8세(Henry VIII)의 정치적 영향력에 의해 시작되었다. 하지만 실제로는 존 위클리프(John Wycliffe), 토마스 빌니(Thomas Bilney), 윌리엄 틴데일(William Tyndale)에 의해 그 토양이 준비되어 있었다.

1509년 왕위에 오른 헨리 8세는 형의 아내였던 스페인 공주 캐서린(Catherine of Aragon)과 결혼했다. 그녀는 7명의 아이를 가졌지만 딸 메리만 살아남았다. 아들을 원한 왕은 이혼하고 싶었으나 교황 클레멘스 7세(Clemens PP. VII)가 허락하지 않았다. 그러자 왕은 성직자 토마스 크랜머(Thomas Cranmer)를 앞세워 교황권을 부정하고 스스로 잉글랜드 교회의 수장에 오르기 위한 작업을 진행하였다. 갑작스러워 보이는 이 과정들은 헨리 8세의 치밀한 정치적 계산에 의해 이루어졌다. 루터파 성향의 크랜머는 1529년부터 시작한 개혁의회를 통해 영국 교회는 왕이 교회의 수장임을 인정하도록 만들었다. 헨리 8세는 교회에 영어성경을 배치하도록 했다. 성경을 번역한 죄로 화형을 당한 틴데일의 번역본은 후에 번역된 킹 제임스역의 많은 부분과 일치하였다.

1534년 반포된 수장령(Act of Supremacy)은 영국 안의 교회를 관리하는 모든 권한이 영국 왕에게 있음을 명시하여 영국 교회와 로마 가톨릭을 완전히 분리시켰다. 헨리 8세의 뒤를 이은 에드워드 6세(Edward VI) 시기에 개혁운동은 더 진척되었다. 크랜머는 스코틀랜드의 존 녹스(John Knox)와 함께 1552년 42개 신조를 발표했고, 이는 1563년 39개 신조로 수정되어 영국 국교회의 신앙문서가 되었다. 그러나 에드워드 6세가 죽고 난 후 왕이 된 캐서린의 딸 메리(Mary I)는 이 모든 것을 무효화시키고 다시 가톨릭으로 복귀하였다. 크랜머와 많은 개신교인들이 처형을 당했다. 이에 대해 많은 귀족들과 백성들이 반발했다. 그녀가 젊은 나이에 죽고 앤 불린(Anne Boleyn)의 딸 엘리자베스 1세(Elizabeth I)가 1558년 왕위에 오르면서 영국 국교회는 다시 복원되었다.

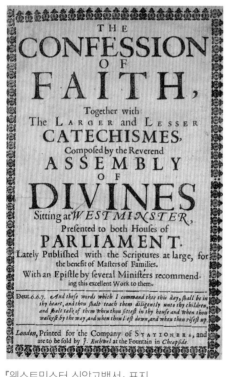

『웨스트민스터 신앙고백서』 표지

스코틀랜드의 왕 제임스 6세(James VI)는 엘리자베스 1세의 사후에 영국도 함께 다스렸다. 그는 두 왕국을 합하여 브리튼 왕국(United Kingdom of Great Britain)이라 불렀고, 영국에서는 그를 제임스 1세(James I)라고 불렀다. 당시 영국 국교회의 예전과 교리는 여전히 로마 가톨릭에 가까웠다. 스코틀랜드식의 변화를 원하는 청교도 성향의 목회자들은 개혁을 꿈꾸며 왕에게 천인청원(Millenary Petition)을 제출했다. 그러나 제임스 1세는 왕의 절대성을 주장하는 왕권신수설(Divine Right of Kings)을 꿈꾸는 사람이었으므로 이들을 면직시키고 의회를 해산하다가 암살되었다. 하지만 그는 킹 제임스 성경번역을 지시하여 영국 종교개혁의 중요한 진전을 이루었다.

그의 후계자 찰스 1세(Charles I)도 같은 성향을 가지고 있었다. 그는 의회를 해산했다가 올리버 크롬웰(Oliver Cromwell)이 이끄는 청교도 혁명으로 사형당하였다. 이 시기에 칼뱅주의 신앙고백을 담은 『웨스트민스터 신앙고백서』(1643-1648)가 제정되었지만 크롬웰 사후 왕정이 다시 복구되었다. 자신이 로마 가톨릭 신자임을 밝혔던 찰스 2세(Charles II)와 종교적 관용을 주장한 제임스 2세(James II) 시절 로마 가톨릭은 다시 영국에 들어오려고 하였다. 그러나 의회는 이를 거부하였고, 이후 영국 국교회는 국왕의 절대 권력을 제한한 권리장전(Bill of Rights, 1689)과 더불어 그 자리가 공고하게 되었다.

스코틀랜드의 종교개혁

롤라드파(Lollardy)에서 시작된 교회 부패에 대한 저항이 스코틀랜드 종교개혁의 시작이었다. 독일에서 루터파의 교육을 받고 돌아온 패트릭 해밀튼(Patrick Hamilton)은 얀 후스(Jan Hus)처럼 음모에 의해 화형을 당하였다. 제네바에서 개혁신앙을 교육받고 돌아온 죠지 위샤트(George Wishart)도 처형 당하였다. 그를 통해 개혁신앙을 배운 존 녹스는 프랑스로 압송되어 약 2년간 노예선에서 노를 저었다. 이후 그는 풀려나 스코틀랜드 전역에서 종교개혁의 필요성에 대하여 설교하였다. 피의 메리(Bloody Mary)가 즉위하며 크랜머가 화형 당하자 그는 제네바로 망명하여 4년간 난민 목회를 하였다. 이후 돌아와 1560년에 로마 가톨릭의 미사와 교황의 사법권 행사를 배격하고 성경으로 돌아가려는 내용을 담은 스코틀랜드 신앙고백서(The Scots Confession) 제정을 이끌었다. 스코틀랜드에서 구체화된 장로교회의 원형은 존 녹스의 후계자인 앤드류 멜빌(Andrew Melville)이 1578년 작성한 제2치리서(The Second Book of Discipline)에 잘 나타나 있다.

네덜란드의 종교개혁

종교개혁 이전부터 네덜란드는 종교적 다양성을 인정하는 전통을 가지고 있었다. 그러나 정치적으로는 로마 가톨릭 국가인 스페인의 통치에 대한 불만이 고조되고 있었다. 처음에는 주트펜(Zutphen)의 하인리히를 통해 루터파 신학이 전파되었으나 박해를 받았다. 이후 칼뱅주의가 전파되었다. 칼뱅이 직접 보낸 귀도 드 브레(Guido de Bres)가 새로운 신앙을 전파하며 이를 정리해 1561년 『벨직 신앙고백서』(Belgic Confession)를 만들었다. 이후 칼뱅파는 북부 주를 장악하였다. 가톨릭은 루터파, 칼뱅파, 재세례파와 대결해야 했다. 당시 네덜란드의 지배자였던 펠리페 2세(Felipe II)는 종교개혁을 막기 위해 스페인 군대를 동원하여 수천 명의 칼뱅파를 학살하였다. 당시 개신교는 서로에게 관용하지 못했다. 루터파는 칼뱅파를 견제하기 위해 가톨릭과 함께 무장하고 공동전선을 펼치기도 했다. 이런 어려운 시기에 오렌지 공국(Principality of Orange)의 윌리엄은 가톨릭에서 칼뱅파로 전향한 후 스페인으로부터의 독립전쟁을 이끌었다. 점점 더 칼뱅파가 우세해졌다. 칼뱅파는 매우 활동적이었고 프랑스에서의 사상적 진전과 가톨릭과의 무장 투쟁, 하나님께 영광을 돌리려는 헌신적 자세로 인하여 네덜란드에서 국교로 자리잡았다.

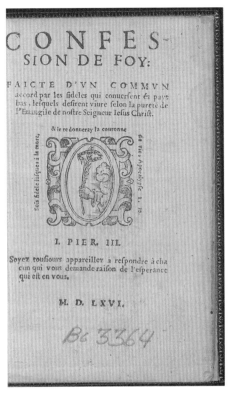

『벨직 신앙고백서』 표지

덴마크의 종교개혁

루터가 종교개혁을 진행할 당시 덴마크의 왕이었던 프리드리히 1세 (Frederick I)는 요한 란트차우(Johann Rantzau)의 조언으로 루터의 설교를 받아들였다. 코펜하겐 의회는 1536년 루터교를 국가종교로 결의했다. 이후 크리스티안 3세(Christian III) 왕은 교회의 총감독으로서 교회 재산을 몰수하여 자신의 권력을 강화시켰다. 당시 남부 스웨덴, 노르웨

이, 아이슬란드가 덴마크에 속해 있었으므로 이 영향을 그대로 받았다.

스웨덴의 종교개혁

유럽에 종교개혁이 시작될 때에 스웨덴은 이제 막 덴마크의 통치에서 벗어나고 있었다. 새롭게 왕이 된 구스타프 바사(Gustav Vasa)는 루터의 제자인 올라우스 페트리(Olaus Petri, 1493-1552)의 포교를 받게 되자 이를 적극적으로 지원하였다. 당시 민족적 왕권을 원하던 국가회의는 웁살라 대주교를 친외세적이라는 이유로 파면하였다. 교황이 이에 대해 파문으로 응답하자 스웨덴은 로마 가톨릭에서 분리되었다. 그러나 종교개혁의 와중에 왕은 교회 안에서 권력을 행사하고 재산을 수탈하는 데 치중하였다. 이에 올라우스 페트리는 교회의 독자성을 지키기 위해 구스타프 바사 왕과 여러 지점에서 충돌하게 되었다. 심지어 사형선고를 받았다가 후에 감형되기도 하였다. 이런 상황에서도 스웨덴 성경번역(Gustav Vasas bibel)과 예배 개혁은 꾸준히 지속되었다. 결국 스웨덴의 왕은 교회의 총감독이 되지 못했고 감독들이 목사 선출 권한을 가졌다. 1540년 루터교는 스웨덴의 공식 국교가 되었다. 핀란드는 당시 스웨덴에 속해 있었으므로 그 영향을 함께 받았다. 교황의 동의 없이 임명된 미카엘 아그리콜라(Mikael Agricola)가 루터교회의 입장에서 핀란드의 종교개혁을 진행하였다. 그는 핀란드어 성경과 기도서 그리고 찬송가도 출판하여 핀란드 문학의 아버지라 불리게 되었다.

폴란드와 리투아니아의 종교개혁

종교개혁 초기에 폴란드와 그의 동맹이었던 리투아니아의 많은 사람들이 루터와 칼뱅의 신학을 연구하기 시작했다. 루터교는 북쪽지역으로 들어 갔고, 칼뱅주의는 중부지방으로 퍼져나갔다. 유럽의 다른 지역보다 폴란드는 이에 대해 관대하였다. 모든 교파가 평화로운 관계를 가졌다. 유럽의 다른 지역에서 신앙적 핍박을 받는 사람들도 폴란드로 피신했다. 1563년에는 폴란드어 완역 성경이 출판되었다. 그러나 로마 가톨릭교회는 이를 그냥 보고 있지 않았다. 1565년부터 예수회가 폴란드로 들어왔고 이단과 싸워야 한다며 무력투쟁을 선동했다. 종교 폭동이 일어났으며 각 도시에서 개신교인들이 추방되었다. 1573년 야기에우워 왕조(Jagiellonowie)의 대가 갑자기 끊겼을 때에 혼란을 수습하기 위해 모인 귀족들은 바르샤바 동맹을 결성하고 신앙의 관용을 보장하였다. 그러나 상황은 나아지지 않았고 1595년 칼뱅파-루터파의 연합은 붕괴되었다. 뒤 이은 전쟁들과 내전 가운데 개신교는 심하게 위축되었다. 1668년부터 가톨릭에서 개신교로 개종하는 사람은 사형에 처해졌고, 이러한 상황은 1768년까지 계속되었다.

체코(보헤미아)와 헝가리의 종교개혁

종교개혁 시대에 헝가리와 보헤미아에는 개신교 신앙이 잘 정착해 1580년대에는 다수를 점하게 되었다. 이곳의 개신교 지도자들은 평화를 보장받았다. 한때 이곳을 통치한 오스만 제국은 로마 가톨릭을 가혹

하게 대했다. 이후 반종교개혁의 선봉이었던 합스부르크 왕가가 지배하게 되자 이번에는 개신교가 핍박을 받았다. 인구의 2/3가 개신교인이었던 체코는 전체 인구의 40퍼센트가 죽었고, 개신교 지도자 계층은 거의 사라졌다. 가톨릭은 살아남은 개신교인 대부분을 보헤미아에서 축출했고, 남은 사람들은 개종을 강요당했다. 헝가리는 개신교 귀족들이 강력하게 저항하여 체코나 폴란드보다는 상황이 나았지만 2/3가 넘던 개신교인들은 오랜 전쟁의 영향으로 감소하였고, 1800년 초반에는 인구의 60퍼센트가 다시 가톨릭화되었다.

필자 소개

임용일 목사는 2015년 총회파송 선교사로 부르심을 받았고, 독일 북쪽에 있는 뤼벡우리교회를 섬기고 있다. 가족으로는 아내 최시라와 아들 임주영이 있다.

반종교개혁
운동

　반종교개혁 운동(Contrareformatio)은 루터의 종교개혁에 맞서 가톨릭 안에서 일어났던 교회갱신 운동을 일컫는 말이다. 물론 루터의 종교개혁과 별도로 그 이전부터 가톨릭교회 내에서도 부패한 교회의 개혁과 갱신을 위한 운동들이 있었다. 이런 흐름으로 본다면 루터 역시 '가톨릭교회의 개혁가'라 볼 수도 있겠다. 그러나 가톨릭교회와 신성로마제국이 1521년 루터를 파문함으로 루터는 자신의 길을 갈 수 밖에 없었다. 시간이 흐르면서 루터를 따르는 세력들이 많아졌고 가톨릭교회는 루터의 종교개혁 운동이 제기하는 문제를 더 이상 무시할 수 없게 되었다. 이 흐름 속에서 반종교개혁 운동이 강하게 일어난 것이다.

　교회사적으로 반종교개혁 운동의 시대는 아우크스부르크 평화협정이 이루어진 1555년에서 1648년까지로 본다. "영지의 주민은 영주의

241
2부 루터 이후 개혁의 길

종교를 따른다"는 합의에 따라 가톨릭교회와 루터교회는 서로 평화롭게 지내기로 했지만, 이 합의는 1618년 30년 전쟁이 발발하면서 깨졌고, 1648년 베스트팔렌 조약으로 두 진영의 전쟁이 끝나면서 다시 서로를 인정하게 되었다.

루터 이전에 있었던 가톨릭 갱신운동

루터 이전에도 가톨릭 안에서 개혁운동이 있었다. 대표적인 예는 스페인에서 일어났던 이사벨 1세 여왕(Isabel I de Castilla)과 히메네즈(Francisco Jiménez de Cisneros) 추기경 주도하에 실행된 가톨릭 개혁이다. 이들은 교구 성직자들의 교육을 강조하고 도덕적인 향상을 요구했으며 당시 수도원을 개혁하였다. 또한 기독교 인문주의자들의 성경연구를 받아들였다. 하지만 이 가톨릭 개혁은 강력한 중앙집권체제, 무자비

클뤼니 수도원

한 개종 강요, 그리고 무서운 종교재판(Inquisition)으로 인해 대중들의 지지를 받지 못하고 스페인 밖으로 확산되지 못했다.

또한 대표적인 가톨릭 갱신운동으로는 '엄격한 수도원 운동'을 들 수 있다. 15세기 말과 16세기 초에 세속화되어가는 가톨릭의 권위를 스스로 내려놓고 많은 수도회가 설립되었는데 반은 평신도, 반은 성직자로 구성된 단체였다. 이들은 철저히 개인 경건과 자선 활동에 헌신했다. 공동생활을 하며 종단의 모든 회원은 재산을 포기했다. 그리고 정빈, 엄격한 금욕, 가난하고 병든 자들을 위해 헌신하는 것을 책임으로 여겼다. 그러나 이런 수도회가 가톨릭 개혁의 중심에 서기도 한 반면, 또 다른 쪽에서는 시간이 지나면서 문제를 드러내기도 했다. 부를 축적하고, 몰래 아내를 두고, 사생아들이 태어나기도 했다. 개혁의 주체가 개혁의 대상이 된 것이다.

루터 이전에 일어났던 가톨릭 개혁운동은 지역의 한계를 넘지 못했고, 윤리적 경건이 지속되지 못해 대중들과의 소통에 실패했다. 만약 루터의 종교개혁이 가톨릭교회에 충격을 주지 못했다면, 가톨릭의 갱신은 훨씬 늦어졌거나, 고위 성직자들의 생각에 머물러 평범한 사람들에게까지 영향을 끼치지 못했을 것이다.

로욜라의 이그나시오와 예수회

이그나시오(Ignacio de Loyola, 1491-1556)는 스페인 북부의 기사 가문

예수회 문장

에서 태어난 군인이었다. 1521년 프랑스와의 전쟁에 참전하였다가 심한 부상을 입었고, 더 이상 군인 생활을 할 수 없게 되자 고향으로 돌아오게 된다. 이때 작센의 루돌프(Ludolf von Sachsen, 1300-1377)가 쓴 『그리스도의 생애』(De Vita Christi)를 읽고 깊은 감명을 받았으며 영적 헌신의 삶을 살기로 다짐했다. 그는 자신의 무기를 내려놓고, 기사복 대신에 거지 옷차림으로 바꾸어 입으며 그리스도와 성모 마리아의 기사가 되기로 결심했다.

그는 다른 사람을 돕기 위해서 공부의 필요성을 깨닫고 33살의 나이에 고등학교 과정에 들어갔다. 1526년 알칼라 대학교에서 철학을, 1528년에서 1535년까지 파리에서 신학공부를 했다. 1534년 8월 15일, 파리의 몽마르트 성당 지하실에서 자신의 동기들과 함께 가난하고 정결하게 살며, 오스만 투르크인의 회심을 위해 일하기로 서원했다. 그리고 만일 이것이 이루어지지 않으면 교황의 뜻을 따라 살겠다고 다짐했다. 1537년, 공부를 마친 그들은 자신들이 서원한 바를 지키기 위해 예루살렘으로 가고자 했지만 전쟁으로 막혀서 어쩔 수 없이 로마로 가는 길을 택하게 된다.

로마에 도착한 이그나시오는 46세의 나이에 사제 서품을 받고 1539년 자신들의 활동계획인 『교회의 전투 부대』(Regimini militantis ecclesiae)를 교황에게 제출했으며, 교황 바오로 3세는 1540년 9월 27일 교서를 통해 정식으로 수도회를 승인했다. 그리고 이름을 '예수회'(Societas Iesu)라고 불렀다. 이그나시오는 1541년에 예수회 총장으로 선출되었고 1556년 죽을 때까지 감당했다.

예수회는 가톨릭교회의 가르침에 복종하는 것을 참된 신앙으로 여기며 이를 전파하고, 프로테스탄트들의 저항은 잘못된 신앙이라 여겨 방어하는 역할을 했다. 이들의 노력은 유럽의 많은 지역이 다시 가톨릭교회로 돌아오는데 기여했고, 브라질, 인도, 일본 등으로 선교사를 보내 열매를 맺기도 했다. 트리엔트 공의회(Concilium Tridentinum, 1545-1563)에 대표를 파견하여 가톨릭교회의 쇄신을 위한 노력에 참여하기도 했다.

그러나 예수회는 가톨릭의 쇄신에 있어 매우 중요한 역할을 했음에도 불구하고 이들이 세운 종교재판소는 수많은 프로테스탄트 교인들을 탄압하는 기구가 되었고, 고문과 학살도 서슴지 않았다. 예수회는 세력이 점점 커지며 정치적 세력으로 부상하게 되었다. 하나님을 위한 영광과 가난한 이웃들을 향한 사랑으로 시작한 예수회는 제국주의 세력과 손잡게 되면서, 착취와 학살을 자행한 선교회라는 오명을 얻기도 했다.

트리엔트 공의회

    루터의 종교개혁이 일어났을 때 가톨릭교회는 밖으로 르네상스로 인하여 세속화 물결의 도전을 받았고, 안으로는 부패와 타락으로 자정능력을 상실했다. 여기저기에서 개혁의 목소리가 들렸고, 루터가 교황권에 정면으로 도전하는 사건이 일어났던 것이다. 트리엔트 공의회는 루터의 종교개혁에 반대하는 공식적인 교회 회의로 개최되었다. 1517년 루터가 종교개혁을 일으킨 지 28년 후였다.

    루터가 일으킨 종교개혁 운동이 영주들의 지지를 얻으며 무시할 수

트리엔트 공의회(M. Burgleichner, 16세기 작)

루터를 말한다 루터가 말한다

없는 세력으로 커지자, 위기의식을 느낀 교황 바오로 3세(Paulus PP. III)는 교회의 대표들을 소집하여 18년에 걸쳐 25차례 회의를 열었고, 가톨릭교회 전반적인 교리를 재정립하는 동시에 루터와 그를 따르는 사람들을 정죄하였다. 특히 루터와 관련해서는 그가 주장한 '오직 믿음으로' 의롭게 되고 구원을 얻는다는 칭의 교리를 부정하고, '믿음'만이 아닌 믿음에 따르는 '행위'로 의롭게 된다는 교리를 주장하였다. 또한 '오직 성경으로'라는 종교개혁자들의 주장과 달리 '기록된 성경과 교회의 전통'이라는 두 기둥을 강조하였다. 종교개혁자들의 결혼관에도 반대하여 보수적인 입장을 취했고 성직자들의 결혼을 더욱 단호하게 금지했다.

트리엔트 공의회는 변화의 물결이 휘몰아치는 상황에서 더욱 엄격해지기를 선택했고, 그에 맞는 교회 질서를 확립함으로 반종교개혁 운동의 중요한 기점이 되었다. 다음 공의회(제1차 바티칸공의회, 1869-1870)가 열리기까지 300년 동안 가톨릭을 이끌었던 힘이었고, 트리엔트 공의회가 열릴 당시 종교적, 정치적 지형이 열세였음에도 불구하고 30년 전쟁 이후 가톨릭 국가의 영토가 프로테스탄트 국가의 영토보다 넓었을 만큼 전쟁 속에서 가톨릭교회를 지켜냈다.

계속 개혁되어야 할 교회

사람들은 흔히 루터의 종교개혁을 높이 평가하며 가톨릭의 개혁의지에 대해서 간과하는 경향이 있다. 가톨릭교회가 타락하여 아무런 개혁의지가 없을 때 루터라는 영웅이 등장하여 교회를 개혁했다고 생각하는 것이다. 분명히 루터는 위대하지만 교회를 교회되게 하는 것은 특정한 한 사람이 아니라 교회를 통해 하나님을 만난 모든 사람이다. 그들은 성령 안에서 무엇이 옳은가를 질문하고, 예수의 삶을 통해 무엇이 하나님의 영광인가를 묻는다. 더 좋은 교회를 꿈꾸는 이들은 루터 이전에도 있었고, 이후에도 있었다. 그들이 개혁자다.

"개혁된 교회는 계속 개혁되어야 한다"(Ecclesia reformata, semper reformanda est)라는 말이 있다. 칼뱅의 후예였던 테오도르 베자(Theodore Beza)가 한 말로 알려져 있다. 하지만 루터의 종교개혁이 일어나기 1,100년전에 활동했던 성 아우구스티누스가 처음 했던 말이다. 이 말은 변하지 않는 하나님의 말씀과 교회의 권위를 '지키는 것', 변하는 시대 속에서 하나님의 말씀을 따라 교회가 '변해야 할 것', 두 가지 의미를 모두 가지고 있다. 무엇을 지켜야 하고, 무엇이 변해야 할까. 질문하지 않으면 개혁의 대상이 되고 말 것이다.

필자 소개

허승우 목사는 1960년 1월 29일 서울에서 태어났다. 아세아연합신학대학교 신학과와 장로회신학대학교 신대원에서 공부를 하고(M.Div), 아세아연합신학대학교 대학원에서 조직신학을 전공했다(Th.M). 이문동교회에서 교육전도사, 구로문교회에서 전임전도사와 부목사로 섬겼다. 1996년 유학 차 독일에 왔고, 2003년 7월 1일부터 현재까지 뉘른베르크-에얼랑엔 한인교회 담임목사로 섬기고 있으며, 2005년 총회 파송 독일 선교사가 되었다. 최은희 여사와 2만여 권의 장서를 보물로 두고 있다.

계속되는
교리 논쟁

멜란히톤과 진짜 루터주의자들의 성만찬 논쟁

루터는 살아 생전 멜란히톤을 존중했다. 루터 없는 멜란히톤, 멜란히톤 없는 루터는 생각할 수도 없을 정도였다. 루터교회의 헌법과 같은 아우크스부르크 신앙고백(Confessio Augustana)을 아우크스부르크 제국의회의 황제 앞에서 낭독한 사람은 루터가 아닌 멜란히톤이었다. 루터 자신도 멜란히톤에 대해 이렇게 말했다. "내가 중세의 땅을 갈아 엎었다면 멜란히톤은 그 땅 위에 씨를 뿌리고 가꾸는 사람이다."

멜란히톤은 온화한 사람이었다. 불 같고 저돌적이었던 루터와 달리 멜란히톤은 이성적이었고 논리적이었으며 차분했다. 투쟁보다는 다른 종교개혁자들과 친화하려고 했다. 심지어 가톨릭의 입장까지도 이해하려고 했다. 루터가 살아 있을 때에도 멜란히톤은 루터의 성만찬론에 대하여 적극적으로 찬성하지는 않았다. 루터를 적극적으로 따르던 소위 "진짜 루터주의자들"(Gnesiolutheraner)은 멜란히톤의 이러한 태도에 대해 불만을 가질 수 밖에 없었다.

루터의 성만찬론은 승천하신 그리스도께서 사제의 기도를 통해 떡과 포도주에 임재하신다는 "공재설"(Konsubstantiation)이다. 이 신학은 루터의 만유임재설과 연결되어 있다. 멜란히톤은 루터의 공재설이 가톨릭의 화체설(Transsubstantiation)과는 구별되지만 가톨릭의 흔적이 남아 있다고 생각했으며, 칼뱅의 "영적 임재설"(spiritual presence)과도 완전히 다른 이론이라고 생각하지 않았다. 그러나 진짜-루터주의자들은 멜란히톤의 이런 태도를 비난하였다. 루터 후계자들 안에서 벌어진 1552년의 성만찬 논쟁은 "진짜 루터파"와 멜란히톤을 지지하는 "필립파"(Philppisten)로 분열하게 만들었다.

본질과 비본질(Adiaphora)에 대한 논쟁

멜란히톤은 개혁파의 마르틴 부처(Martin Bucer)처럼 화해하고, 중재하고, 통합하려는 사람이었다. 특히 그는 성경에서 말씀하지 않는 것들을 비본질로 여겼다. 성찬론도 마찬가지다. 공재설이나 화체설, 영적임재설이나 기념설과 같은 이론은 성경에 없다는 것이다. 그래서 그는 비본질적인 것은 서로 이해하고 용납하되 본질적인 것들에 대해서만 엄격하게 다루기를 원했다. 그러나 진짜-루터주의자들은 "성경에 무슨 비본질적인 것과 본질적인 것이 있느냐"면서 멜란히톤과의 결별을 선언했다.

그러나 1560년 멜란히톤이 루터와 같은 나이인 63세에 죽은 후에 두 파는 서로 일치하기를 원하여 1577년 "일치신조"(Konkordienformel)를 작성하였고, 1580년에는 『루터교신앙고백집』(Konkordienbuch)을 발간 하였다. 이 후부터 루터 정통주의가 형성되었고, 루터의 가르침이 교리 화되었다.

알미니안주의와 예정론 논쟁

알미니우스(Jacobus Arminius)는 멜란히톤이 죽은 해인 1560년 네덜 란드 작은 마을에서 태어

났다. 개혁교회의 촉망받 는 목사였던 그는 칼뱅주 의자들의 엄격한 예정론을 두고 논쟁하는 가운데 인 간의 의지와 행위를 긍정 함으로 칼뱅 정통주의로부 터 멀어졌다. 그리고 그를 따르는 자들에 의해 알미 니안주의(Arminianismus) 가 생겨났다.

알미니우스

1588년 알미니우스가 암스테르담에서 28살의 나이로 목사가 되었을 때, 교단에서는 그에게 코른헤르트(Dirck Volckertszoon Coornhert)의 주장에 대해 반박해 줄 것을 요청하였다. 코른헤르트는 네덜란드 르네상스 학문의 아버지라고 불리며 칼뱅의 예정론에 반대하는 인물이었다. 이때 알미니우스는 자신의 스승인 베자와 칼뱅이 주장하는 하나님의 절대적이고 무조건적인 은혜와 그로 인한 인간의 구원을 당연히 받아들이고 있을 때였다. 그러나 그는 코른헤르트를 논박하기 전에 성경을 연구하면서 조금씩 칼뱅의 이중예정론(선택과 유기)에 동의하기 어려운 부분이 있음을 발견하게 되었다. 구원의 은총에 대한 인간의 선택적인 의지를 인정하게 되었고, 하나님의 은혜를 인간이 거부할 수도 있다고 주장했다.

알미니안주의와 '항변'

알미니우스가 1609년에 죽고 그 다음 해에 알미니우스를 추종하는 46명의 목사들이 네덜란드 개혁교회 총회에 "항변"(Remonstrantie)이라는 문서를 제출하였다. 그래서 그들을 "항변파"(Remonstrants)라고 부른다. 그들이 주장한 다섯 가지 신학 논제는 부분적인 자유의지를 인정한 전적 타락, 조건적인 선택, 무한한 속죄, 선행적인 은총, 성도의 조건적인 견인이었다.

칼뱅의 예정론을 부정하는 알미니안주의자들의 "항변"은 즉시 네덜란드 개혁교회의 큰 반발을 불러왔다. 그래서 네덜란드 개혁교회는

루터를 말한다 루터가 말한다

알미니안 항변파(A. van der Eyk, 1721년 작)

1618년 11월 13일부터 1619년 5월 9일까지 도르트레히트(Dortrecht 혹은 Dordt)에서 총회를 열어 항변파의 다섯 가지 주장을 하나하나 반박하였다. 그것은 전적인 타락(Total Depravity), 무조건적인 선택(Unconditional Election), 제한적인 속죄(Limited Atonement), 불가항력적인 은총(Irresistible Grace), 성도의 견인(Perseverance of the Saints)이다. 후일에 이 주장은 도르트 신조(Dordt Leerregel)라고 부르게 되었으며 칼뱅주의의 핵심강령이 되었다.

칼릭스트와 혼합주의

게오르크 칼릭스트(Georg Calixt)는 1586년 슐레스비히(Schleswig)의

플렌스부르크(Flensburg)에서 태어났다. 칼릭스트는 1603년에 니더작센(Niedersachsen)에 있는 헬름슈테트(Helmstedt) 대학에서 철학과 언어학 공부를 시작하였다가 1607년에 전공을 신학으로 바꾸었고, 이름도 라틴어식인 칼릭스투스(Calixtus)로 바꾸었다. 그는 1614년에 헬름슈테트 대학(Universität Helmstedt) 신학부 교수가 되어 숨질 때까지 재직하였다.

칼릭스트는 루터교 신학자로서 멜란히톤을 존경하고 추종하였으며, 멜란히톤처럼 온건한 신학자로서 가톨릭과 칼뱅주의와도 통합하려고 하였다. 그는 교부학을 전공한 신학자로서 초대교회의 신앙고백들을 교회와 신학의 기초로 삼았다. 그러므로 가톨릭교회와 루터교회, 칼뱅주의자들의 개혁교회까지도 초대교회의 신앙을 인정하고 고백하면 서로 일치할 수 있다고 보았다. "5세기의 일치"(Consensus quinquesaecularis)라는 개념은 5세기 초대교회의 신앙고백과 사도신경을 교회 일치의 유일한 기준으로 삼는다는 것인데, 칼릭스트는 이 신앙고백을 반대하지 않는 한 모든 교회가

게오르크 칼릭스트

하나 될 수 있다고 주장했다.

이 주장은 루터교 정통주의 신학자들의 반발을 샀다. 그들은 칼릭스트의 주장이 루터의 "전적인 하나님의 은혜로, 믿음으로 의롭게 된다"는 칭의론을 거부하는 것으로 여겼다. 그리하여 칼릭스트는 '혼합주의'(Synergismus) 혹은 '비밀스런 교황주의'(Kryptopapismus)라는 비판을 받기도 했다. 하지만 그는 화해주의자(Ireniker)였으며 분열된 교회들의 일치를 위해 노력한 에큐메니칼(Ecumenical) 신학자였다.

논쟁을 넘어 일치로

유럽에서 시작된 종교개혁은 온 세계 곳곳에 교회를 세우며 흔적을 남겼다. 각 지역에 세워진 교회는 질서를 위해 법을 만들었고, 문화 안에서 교리화 작업을 했다. 그 과정에서 수많은 다툼과 분열도 있었다. 하지만 교회는 끊임없이 논쟁하며 발전해 왔다. 루터의 종교개혁 역시 교회 역사 안에서 일어난 중요한 논쟁의 한 부분이다. 치열하게 전개되었기에 중요한 역사의 한 자리를 차지하게 된 것일 뿐 생각하고, 가치를 찾고, 논쟁하는 과정을 거치지 않고는 어떤 역사도 자기 자리를 찾기가 어렵다.

오늘날 개혁교회는 루터의 죽음 이후 벌어진 수많은 논쟁의 영향을 받아 지금의 자리에 서 있다. 그렇게 만들어진 교회는 각각의 자리에서 가치를 지켜가고 있다. 어떤 경우에도 차이에 대한 논쟁은 필요하다. 하지만 논쟁이 무분별한 다툼으로 이어지고, 그로 인해 하나님의 영광을 가려서는 안 된다. 본질을 찾아가는 논쟁이 아니라 자기의 이익을 쫓아 흘러가는 것이 되어서도 안 된다. 종교개혁 정신은 다시 돌아가는 것이었다. 성경으로, 그리스도로, 은혜로, 믿음으로 돌아가 복음을 회복하는 것이었다. 다시 돌아가 진리 안에서 하나 되는 것이었다.

오늘날 교회의 역할은 무엇일까. 다름에 대한 존중이 필요하다. 개혁교회는 시대와 상황 속에서 수많은 분열을 야기했지만, 이제 논쟁을 넘어 일치에 대해서도 고민해야 하지 않을까.

필자 소개

허승우 목사는 1960년 1월 29일 서울에서 태어났다. 아세아연합신학대학교 신학과와 장로회신학대학교 신대원에서 공부를 하고(M.Div), 아세아연합신학대학교 대학원에서 조직신학을 전공했다(Th.M). 이문동교회에서 교육전도사, 구로문교회에서 전임전도사와 부목사로 섬겼다. 1996년 유학 차 독일에 왔고, 2003년 7월 1일부터 현재까지 뉘른베르크–에얼랑엔 한인교회 담임목사로 섬기고 있으며, 2005년 총회 파송 독일 선교사가 되었다. 최은희 여사와 2만여 권의 장서를 보물로 두고 있다.

경건주의
(제2의 종교개혁)

경건주의(Pietismus)는 교회의 세속화에 반대하며 개인적 신앙을 강조했던 유럽 교회의 종교운동이다. 종교개혁 이후 제도화 과정에서 교리에 파묻혀 생명력을 잃고 조직화되어가던 교회를 갱신하고자 하는 운동이었다. 이 사상은 당시 유럽사회 전역으로 확산되었고, 교육과 사회문제에도 많은 영향을 끼쳤다. 경건주의는 개인의 중생과 성화, 종교적인 체험을 중요하게 여겼으며 윤리적 실천을 강조하였다. 18세기 계몽주의의 등장과 함께 영향력이 약화되었지만 19세기 후반 전세계적으로 일었던 신앙각성운동에 또다시 영향을 끼치게 되었다.

경건주의의 출현 배경

경건주의의 출현 배경이 무엇인지에 대한 의견은 다양하지만, 30년 전쟁과 개신교 정통주의 등이 경건주의에 상당한 영향을 끼쳤음이 분명하다. 17세기 초, 종교개혁 이후 가톨릭은 반종교개혁과 예수회의 개혁으로 상당부분 신뢰를 회복했다. 반면 개신교는 교리 논쟁과 제도화 과정에서 갈등이 쌓이면서 갈라지고 있었다. 상당수의 영주들이 다시 가톨릭으로 돌아가는 일이 발생했다. 이런 상황에서 신성로마제국의 페르디난트 2세(Ferdinand II)가 자신의 영지에서 개신교도들을 탄압하자 북부 프로테스탄트 국가들의 반발에 부딪혔고 결국 30년 전쟁으로 이어졌다. 이 전쟁으로 인해 유럽에서는 약 800만 명의 사망자가 발생했고 전쟁에 휘말린 나라들은 어려움을 겪었다. 특히 독일은 전 국민의 절반에 이르는 희생자가 나왔고 전국이 피폐해지는 결과를 맞았다. 30년 종교전쟁은 사실상 신성로마제국의 해체로 이어졌다. 1555년의 아우크스부르크 평화협정이 다시 승인되었고, 루터파 이외에 권리를 인정받지 못했던 칼뱅파 등 다른 개신교 교파에게도 동등한 권리가 주어졌다. 신성로마제국은 사실상 300여 개의 소국으로 갈라지게 되었고, 교회가 국가교회의 형태로 바뀌었다. 목사들이 공무원이 되자 신앙은 다시 침체되기 시작했는데, 이를 '경건성의 위기'라 부른다. 이러한 현상은 거의 유럽 전역에서 발견되었다. 이런 위기를 해결하고자 하는 움직임이 경건주의로 나타났다.

  1555년의 아우크스부르크 평화협정 이후 개신교회는 종교개혁으로부터 던져진 신학적 문제들을 체계적으로 정리하려고 노력했다. 가톨릭으로부터 독립하여 자체적으로 교리를 세워 갔다는 점에서 '개신교 정통주의'(Protestantische Orthodoxie)라는 이름을 사용했다. 이는 로마가톨릭과 차이점을 분명히 하고 자신들의 정당성을 확보하기 위해서는 꼭 필요한 과정이었지만, 실제 성도들의 삶에서 이루어지는 신앙생활과는 거리가 멀어지는 결과로 나타났다. 종교개혁가들이 주장했던 하나님과 신자 사이의 생명력 있는 관계는 관심 밖으로 밀려났고, 종교개혁 이전의 교회로 돌아가는 듯한 모습을 보이게 되었다. 이러한 경향에 대한 반성과 갱신의 흐름이 경건주의로 이어졌다.

그 외에 다양한 서유럽의 기독교 사상들이 경건주의에 영향을 주거나 함께 발전해 갔다. 그중 16세기 중반 영국에서 시작된 청교도 운동의 사상은 독일의 개혁주의 전통에 녹아 들었고 경직되어 가던 교회에 영향을 주었다.

경건주의의 발전

경건주의 운동은 1670년경에 독일에서 시작되었고, 이후 계몽주의(Aufklärung) 시대에 그 영향력이 약화되기는 했으나 지금까지도 지속적인 영향을 미치고 있다. 그 외에도 경건한 신앙생활을 추구하는 경향은 다양한 형태로 유럽 곳곳에서 태동하고 있었다. 영국의 청교도 운동에서도 그 모습을 찾아볼 수 있고, 네덜란드에서 나타났던 나데레 레포르마티(Nadere Reformatie)도 흐름을 같이한다.

독일의 경건주의는 필립 야콥 슈페너(Philip Jacob Spener)에 의해서 시작되었다고 할 수 있다. 그는 교회의 가장 큰 문제가 살아있는 신앙

ILLIPPUS IACOBUS SPENER. S.S. TH.D. ECCLESIÆ. EVANGELICÆ. MOEN
FRANCOFURT. PASTOR. ET. MINISTERII IBIDEM. SENIOR.

필립 야콥 슈페너

의 결핍에서 오는 것이라고 보았다. 이를 위해 그는 성경을 신앙생활의 유일한 근거로 삼아야 한다고 주장하며, 경건주의 운동을 말씀운동으로 이끌었다. 그는 교회 전체를 구조적으로 갱신하는 대신 자발적인 신자들의 경건한 삶을 통해 교회개혁을 추구하였다. 그가 이끌었던 말씀묵상 모임은 경건주의의 특징이 되었다.

슈페너에 이어 독일 경건주의를 이끈 사람은 아우구스트 헤르만 프랑케(August Hermann Francke)이다. 목회자이자 교육자였던 그는 할레(Halle)에서 오랜 시간 활동하며 '할레 경건주의' 운동을 일으켰다. 그는 빈민 학교와 고아원을 세웠다. 처음에는 보잘것 없는 시설이었으나, 몇 년 지나지 않아 독일 내에서 유일한 종합교육기관으로 성장하였다. 이곳에서 할레 경건주의 교육시스템이 만들어졌고, 1694년에 세워진 할레 대학은 경건주의의 중심으로 발전하였다. 할레 경건주의는 당시 많은 사람들에게 영향을 주었고, 이로 인해 경건주의가 보편적인 사조로 인정받게 되었다.

독일 경건주의 운동에서 독특한 모습을 보인 것은 헤른후트 공동체(Herrnhuter Brüdergemeine)이다. 이 공동체는 진젠도르프(Nikolaus Ludwig von Zinzendorf)가 시작했는데, 그는 깊은 신앙심을 가진 할머니 밑에서 슈페너의 경건주의 신앙을 배우며 자랐다. 그는 할머니로부터 얻은 깊은 영성과 할레의 프랑케로부터 받은 영향으로 경건주의의 새로운 리더가 되었다.

헤른후트 공동체는 보헤미아의 개신교 후예들(모라비안)이 난민으로 왔을 때, 진젠도르프가 자신의 영지인 베르델스도르프(Berthelsdorf)를 내어주면서 시작되었다. '주님은 보호자'라는 뜻을 가진 헤른후트 공동체는 모라비안들 외에도 루터파를 비롯한 다양한 신앙 경향을 가진 사람들이 모인 새로운 공동체로 발전해갔다. 이 공동체는 독일 개신교회 최초로 선교운동을 일으켰고 처음으로 선교사를 파송했다. 헤른후트 공

헤른후트 공동체

동체는 이후 18세기에도 여전히 교회와 사회에 다양한 영향을 끼쳤으며, 계몽주의 시대에 들어와서는 그 흐름에 만족하지 못하는 이들이 찾는 일종의 피난처 역할을 하기도 했다.

이렇게 경건주의는 교리 중심의 정통주의와는 달리 초대교회의 역동성을 강조하였으며, 신비주의적인 영성에도 많은 관심을 가졌다. 루터교회 내에서는 분리주의자들이라는 이유로 비난을 받기도 했지만, 이들이 가진 경건과 신앙에 대한 열정은 이후로도 계속 교회에 영향을 미치고 있다.

경건주의의 의의

종교개혁은 로마 가톨릭의 부패와 교황권의 잘못된 사용에 대한 문제를 개혁하고자 하는 의도에서 시작되었다. 하지만 종교개혁 이후 가톨릭과 개신교의 싸움은 계속되었고, 개신교 내에서도 루터파와 다른 개혁파 사이의 갈등이 이어졌다. 이러한 갈등으로 인해 개신교에서는 각 종파를 지키기 위한 교리화 작업이 이어졌고 교회는 경직되어 갔다. 이런 위기 상황에서 다시 한번 교회의 갱신을 이루고자 시작된 것이 경건주의 운동이다. 그런 점에서 경건주의 운동을 "제2의 종교개혁"(Zweite Reformation)이라 부르기도 한다.

경건주의가 미친 부정적인 영향이 없는 것은 아니다. 개인의 체험을 중시하는 경향으로 인해 주관적인 판단이 강조되는 경우가 있었고, 개인이나 소규모의 공동체 중심으로 뿌리를 내리는 과정에서 분파가 형성되기도 했다. 이런 부정적인 요소에도 불구하고 경건주의는 구별된 그리스도인의 삶의 실천이라는 측면에서 오늘날까지 긍정적인 영향을 미치고 있다. 현대 기독교는 성경을 읽고 연구하며 성경대로 실천하는 경건주의의 은혜를 누리고 있다.

필자 소개

원현철 목사는 서울대학교에서 학사를, 장로회신학대학원에서 목회학 석사를 마쳤다. 영국 버밍엄대학교에서 2004년에 신약학 석사학위를, 2009년에는 논문 "The Date of Mark's Gospel: A Perspective on its Eschatological Expectation"으로 박사 학위를 받았다. 2013년 뮌헨한인교회 담임목사로 부임하였으며, 2015년부터 총회 파송 선교사로 사역하고 있다. 2021년부터 뮌헨교회를 개척하여 현재에 이르고 있다. 파리에서 성악을 전공한 아내 김지현과의 사이에 딸 둘(은주, 은진)과 아들 하나(우석)를 두고 있다.

부록 1

대담

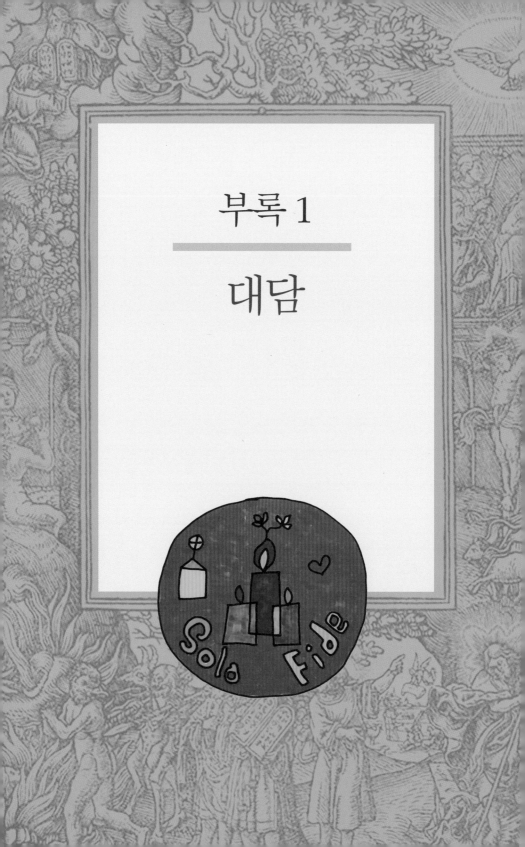

대담

루터와 함께
한국 교회를 생각하며

대담자
(가나다 순)

김만종
김성규
석인덕
손교훈
안재중
어유성
오강일
임용일
전영광
허승우

왜 대담을 하는가?

우리는 루터가 시대에 던진 질문은 이해하지 못한 채, 루터라는 한 인물의 행동에만 집중하는 경향이 있습니다. 그래서일까요, 2017년 종교개혁 500주년을 맞이하여 수많은 목회자와 성도들이 독일을 방문해 종교개혁도시를 탐방했고, 수많은 신학자들이 세미나를 개최해 루터와 오늘날 한국 교회를 말했지만, 우리는 별다른 교회의 변화를 느끼지 못하고 있습니다. 오히려 종교개혁을 과거의 아름다운 일로 남겨둔 채, 오늘 우리가 감당해야 할 시대의 고민에 대해서는 둔감해진 것 같습니다.

500년 전의 루터를 입에 담는 사람들이 욕심을 부립니다. 사회의 불의에는 침묵하고, 교회를 한 집안이 소유한 것처럼 세습합니다. 교회의 안정과 성장이라는 말로 교회의 사명을 지워버린 것 같습니다. 한편에서는 좋은 교회들도 많다고 하는데, 어떤 교회가 좋으냐고 물으면 딱히 답하기가 쉽지 않습니다. 코로나 시대를 지나가며 이 문제들은 더 심각해졌고, 이제는 위기를 외면할 수 없는 지경에 이르렀습니다.

교회는 희망이 있을까? 기독교인으로서 희망이 있다고 믿습니다. 하지만 마음속에 드는 부정적인 생각을 떨쳐버릴 수는 없는 것 같습니다. 그래서 역사에 질문해 봅니다. 루터와 루터의 시대를 이야기 하며, 우리들의 교회가 잃어버린 것, 다시 회복해야 할 것이 무엇인지 생각해 보고자 합니다.

첫 번째 키워드:
저항과 비판

루터의 종교개혁은 질문으로 시작되었고, 저항으로 이어졌습니다. 질문이 종교개혁의 시작이었던 것입니다. 오늘날 한국 교회는 질문을 잃어버린 게 아닐까요?

Q. 루터는 교회의 정체성과 순전함에 대한 고민이 많았던 것 같습니다. 새로운 교회가 아니라 원래의 교회가 무엇인가에 대한 질문이 종교개혁의 시작이었습니다. 루터는 근본적으로 어떤 문제의식을 가지고 있었나요?

안재중 루터는 95개 논제를 성교회 앞에 붙임으로 공개적으로 문제를 제기했습니다. 95개의 논제 중에 2/3인 30조-91조가 면죄부에 대한 것이었을 만큼 루터가 가장 중요하게 생각했던 죄의 문제가 면죄부로 인해 왜곡되는 것에 대해 큰 분노가 있었던 것 같습니다. 본질을 잊고 돈과 권력에 치중했던 교회의 허를 찌른 것입니다. 때론 이런 질문이 가장 무서울 때가 있지요.

손교훈 해방신학은 주입식 교육이 아니라 질문하고 대화하면서 길을 찾아가는 교육방식을 따릅니다. 루터도 당시 상황을 어떻게 바라보아야 할지, 어떤 답을 찾아야 할지, 대화해보자고 질문을 던진 셈입니다. 그 질문이 사람들을 깨웠지요. 95개 논제는 그런 면에서 큰 반향을 일으키게 됩니다. 오늘날 교회에도 여전히 주입식 교육이 이루어지는 것 같습니다. 이 부분에 대해서 깊이 생각해보면 좋겠습니다. 제대로 된 질문은 확장력이 매우 좋습니다.

오강일 루터는 95개조 반박문을 성교회 문에 붙였는데 당시에 이런 일이 종종 있었나요?

손교훈 때때로 있었던 일입니다. 당시 성교회는 학생들이 예배하고 수업을 듣던 장소였습니다. 그리고 루터의 95개조 반박문은 어느 날 한번에 쓴 것이 아니라 오래전부터 써서 주변 사람들에게 보여주고 이야기 나눴던 것입니다. 우리가 종교개혁일로 기억하는 1517년 10월 31일은 루터와 주변 인물들이 오랫동안 고민하며 준비한 날이었습니다. 루터는 예상하지 못했겠지만 그날이 종교개혁의 시작이 되었던 거죠.

허승우 루터는 삶이 질문이었던 것 같습니다. 항상 죄의 문제를 생각했고, 늘 죽음에 대한 생각을 가지고 있었습니다. 루터는 어릴 때 흑사병을 경험했고, 어렸을 때부터 죽음에 대한 두려움을 가졌습니다. 그리고 이 두려움을 어떻게 벗어날 수 있을까에 대한 고민을 어릴 때부터 했어요. 루터에게 그 해결은 하나님의 가르침이었습니다. 하나님은 죽음의 문제를 해결해 줄 수 있는 유일한 길이었어요. 그런데 교황이 그 문제를 돈의 문제로 바꿔버린 것입니다. 분노와 함께 질문이 생겼겠지요. 루터에게 있어 면죄부에 대한 고민은 하루아침에 시작된 것이 아닙니다. 벼락이 떨어질 때의 회심 역시 우연이 아닙니다. 면죄부는 돈 때문에 복음을 왜곡한 것이었습니다. 루터는 돈 때문에 그런 일이 벌어지는 것을 그냥 넘어갈 수 없었습니다.

루터가 한 행동은 일종의 시위에 해당합니다. 95개 논제는 라틴어로 쓰여졌고, 당시 지식인들이 아니면 읽을 수 없는 언어였습니다. 이것이 그 해가 가기 전에 뉘른베르크에서 독일어로 번역되어 인쇄 출판되었습니다. 당시 독일어를 읽을 수 있는 사람은 20% 밖에 되지 않았지만 라틴어보다는 파급력이 있었습니다. 그리고 얼마 지나지 않아 뉘른베르크는 개신교로 개종합니다. 오늘날 기술이 진실을 이기는 것처럼 보이지만, 결국은 기술에 진실이 담길 때 힘이 있습니다.

오강일 결국 루터의 문제제기는 교회가 진짜 집중해야 할 것이 무엇인가에 대한 질문이었던 것 같습니다. 본질에 대한 질문은 기득권에게 저항으로 비춰졌을 테고요. 많은 사람들이 그 질문에 공감하고 반응함으로 점차 힘이 생겼습니다. 오늘날 신뢰를 잃어가는 한국 교회를 향해서도 많은 질문이 이미 시작되었다고 생각합니다. 그럼에도 오늘날 한국 교회는 질문에 제대로 대답하지 못하거나, 무시해 버리거나, 질문을 불신앙으로 치부해 버리는 경향이 여전하고요.

Q. 루터가 제기한 문제의 화살은 교황을 향합니다. 당시 교황 권력이 엄청 난 것으로 알고 있는데, 이런 루터의 행동이 사람들에게는 어떻게 받아 들여졌을까요?

안재중 루터가 교황을 비판한 것이 단순히 종교적인 맥락뿐 아니라 정 치적 도전으로 여겨지지 않았을까요.

전영광 루터가 종교개혁 초기에 황제 권력과 교황 권력 사이의 문제에 대해 알고 있었을까요?

김만종 루터가 모르지는 않았겠지만 종교개혁 당시의 95개 논제는 정확 히 신앙적인 면만 들어있습니다. 정치적인 면은 들어있지 않았어요. 그럼에도 불구하고 종교개혁과 관련한 재판들은 모두 정치권력, 특 히 황제 앞에서 하게 됩니다. 교황은 너무 멀리 있었기 때문이지요.

손교훈 루터의 표현과 내용은 신앙에서 출발했지만 루터는 자신의 행동 이 정치권력에 불편함을 줄 것이라는 것을 알았을 겁니다. 당시 교황 이 로마의 베드로 성당을 건축하면서 많은 돈을 독일에서 가져갔고, 그것이 독일 귀족이 다스리는 지역 안에서 문제를 일으켰습니다. 이 때 독일 귀족들은 루터를 통해 정치적, 종교적 권력의 흐름을 바꿀 수 있는 기회를 보았을 수도 있지요. 독일의 귀족들이 루터 편에서 종교개혁을 지지했던 이유도 여기에서 찾을 수 있고요.

석인덕 당시 루터의 행동을 교황의 입장에서 바라본다면, 지방의 한 사제가 일으킨 소요 정도로 보였을 것 같습니다. 별로 대수롭지 않게 생각한 것이지요. 교황을 비롯한 기득권층이 시대의 변화를 읽지 못하고 자신들만의 울타리 속에서 루터의 문제제기를 심각하게 여기지 못했던 것이지요. 당시 교회 권력은 성장하는 시민의식이나 민족주의를 과소평가 했습니다. 이는 오늘날 사회의 변화를 읽지 못하고, 소위 권력을 가지고 있으면서 자신들의 세계에 갇혀 주변을 보지 못하는 종교인과 정치인들을 생각나게 합니다.

김만종 루터가 제기한 근본적인 문제는 죄의 문제였습니다. 이런 루터에게 면죄부는 그야말로 수탈의 도구로 밖에 여겨지지 않았어요. 처음에는 루터의 항의가 크게 들리지 않았습니다. 그런데 종교재판이 그의 소리를 더 키워주는 계기가 되었습니다.

어유성 루터가 제기한 교황비판은 죄의 문제, 구원의 문제를 왜곡시킨 장본인이 교황이라고 본 것이지요. 이에 대해 당시 사람들은 권력을 가진 사람이건, 그렇지 않건 간에 기본적으로 크게 공감했던 것 같습니다. 시민들도 루터의 주장에 공감해서 자신들의 의지와 힘으로 루터의 글을 출판했고, 정치 권력자들도 이것을 적극적으로 활용했지요. 사람들이 공감하고 반응함으로 루터가 생각한 것보다 일이 커졌지요.

오강일 루터의 신학을 이른바 '십자가 신학'이라고 부릅니다. 이 역시 가톨릭교회가 주장한 '영광의 신학'에 대한 저항이었던 것 같은데요. 루터가 말한 고난이 어떻게 사람들에게 공감을 얻을 수 있었을까요?

허승우 16세기 당시에 보통의 사람들은 자기 실존의 문제를 가지고 있었습니다. 여기저기서 벌어지는 전쟁과 흑사병의 위험을 안고 살았습니다. 가난한 농부들은 과도한 세금 속에서 굶주림이 일상이 되고 있었어요. 이들에게 교회에서 말하는 '영광'은 너무 먼 이야기였을 겁니다. 그런데, 루터는 고난과 믿음을 하나로 연결했습니다. 이런 루터의 주장에 사람들의 마음이 움직였다고 생각합니다. 루터가 저항했기 때문에 사람들이 공감한 것이 아니라, 루터의 말에 사람들이 공감했기 때문에 저항할 수 있었던 것입니다. 공감은 힘이 있습니다.

루터를 말한다 루터가 말한다

두 번째 키워드:
교회와 세상

중세교회가 세상을 멀리하며 하나님을 섬기는 것을 강조했다면, 종교개혁자들은 세상 속에서 하나님을 섬겨야 한다고 주장했습니다. 세상은 교회와 분리된 곳이 아니라, 교회가 섬겨야 할 곳이 아닐까요?

Q. 루터의 종교개혁이 오늘날에까지 큰 영향을 미친 배경에는 단순히 교회 '안'의 문제 뿐 아니라 교회 '밖'의 문제에 대해서도 관심을 가졌기 때문이라고 생각합니다. 루터는 세상을 대하는 교회의 태도를 어떻게 변화시켰나요?

손교훈 수도원에 들어간 루터는 죄의 문제를 해결하기 위해 기도와 명상, 고행 등의 종교적 행위에 집중했습니다. 그러나 진정한 신앙의 자유는 세상에 들어가서 하나님의 은총에 기대어 싸우는 과정을 통해 얻게 됨을 깨닫게 됩니다. 세상 안에서, 하나님 앞에서 일대일로서는 경험 없이는 진정한 신앙의 자유가 있을 수 없다는 것을 깨달았습니다. 루터가 말한 만인제사장론도 어디선가 뚝 떨어진 게 아니라 삶 속에서의 고민과 묵상의 결과라고 생각합니다.

안재중 만인제사장론은 우리가 잘 알다시피『독일의 크리스천 귀족에게 고함』이라는 책에 나오는 말입니다. 루터가 종교개혁 초기부터 교황권이라는 높은 벽을 깨기 위해 꺼내든 말로, 모든 세례 교인이 제사장이라는 주장이 나오지요. "교황이 아니라, 하나님 앞에 서라"는 말 역시 교황에 대한 저항과 비판이 내재된 것이고요. 구원의 문제에 있어서 더 이상 성직자를 의지하지 않아도 된다는 주장으로, 신앙에 있어서 획기적인 전환점이 되었습니다.

김만종 『독일의 크리스천 귀족에게 고함』이라는 책은 종교개혁 운동을 구조적으로 더 확장해야 할 필요가 있을 때 쓰인 논문이었습니다. 모든 신자가 제사장이라는 주장을 통해 무소불위의 교황 권력에 저항했던 것입니다. 이는 다른 말로 신자 각 개인이 책임감을 가지고 신앙생활 해야 한다는 것을 의미하기도 했고요.

오강일 이런 루터의 주장이 성(聖)과 속(俗)의 구별이 없다는 의미로 이어진 건가요?

김만종 성과 속의 구별이 없다는 말은 생각해 볼 말입니다. 구별은 있다고 봐요. 다만 성과 속의 개념정의를 어떻게 하느냐의 문제입니다. 당시에 교회와 관련된 것은 무조건 '성'이고, 교회 밖의 일은 모두 '속'이라는 전제가 있었던 것입니다. 그런데 루터는 이것에 대해서 문제제기를 했어요. 그에게는 하나님께서 일하시는 모든 자리가 '성'이었습니다. 꼭 교회의 영역이냐 아니냐의 문제로 따질 수 있는 건 아니었어요.

어유성　이런 의미에서 오늘날 독일어로 직업을 의미하는 '베루프'(Beruf)라는 단어를 생각해 보게 됩니다. 원래 이 단어는 성직자들이 자신들의 소명(Berufung)을 말할 때 사용한 것이었습니다. 루터는 소명의 개념을 세상적인 직무를 가리키는 데까지 확장시켰습니다. 성직자는 교회의 일로서 하나님께 부름 받은 것이고, 다른 직업을 가진 사람은 그 일로 하나님의 부름을 받았다는 것입니다. 그러니 각자의 자리에서 부르심에 합당하게 살아야 합니다. 어느 누가 더 우월하다고 말할 수 없고, 하나님 앞에서 동등한 일꾼이라는 것이지요.

Q. 노동에 대한 강조는 종교개혁 이전에도 있었던 것 같은데요. 종교개혁자들과는 어떤 차이가 있을까요?

허승우　중세 시대에도 노동의 중요성을 부인하지는 않았어요. 사실 노동을 통한 생산 활동은 삶의 중요한 부분이니 부인할 수 없었을 겁니다. 다만 강조점이 달랐습니다. 중세의 수도원에서 이루어지는 노동은 수도원 안, 즉 하나님 안에서 행해지는 것으로 신성하지만, 교회밖에서 이루어지는 노동은 세상적인 것으로 여겨 가치를 두지 않았습니다. 교회 밖의 노동을 품위 없는 것으로 여겼지요.

어유성　종교개혁자들은 노동을 그 자체로 하나님을 섬기는 행위로 여겼습니다. 교회 안이냐 밖이냐가 중요한 게 아니라, 어떤 마음으로 하느냐가 중요한 것이지요. 믿음으로 하느냐, 세속의 욕심으로 하느냐에 따라 성과 속이 구별되는 것이지, 일을 하는 삶의 자리가 성속을 구별하는 기준이 되지는 않는다는 것입니다.

Q. 이런 루터의 만인제사장론, 노동에 대한 생각이 당시에 엄청난 파급력이 있었을 것 같은데요. 루터의 생각은 이후 어떻게, 얼마나 영향을 미쳤을까요?

오강일 '세상에 속한 그리스도인'에 대한 루터의 인식은 이후 수도원 해체에도 영향을 주었다고 생각합니다. 중세시대에는 세상에서 수도원으로 들어가는 것을 소명으로 여겼다면, 루터는 하나님 앞에서 소명을 받아 세상으로 나아가야 한다고 생각했습니다. 사역 현장이 꼭 교회가 아니라 세상이라는 생각은 당시 사람들이 세상을 대하는 자세를 변화시켰을 겁니다. 세상에서 부르심에 합당한 삶을 살아야 한다는 것이 오늘날 직업의식에도 큰 영향을 주었다고 생각합니다.

김만종 만인제사장론에서 '만인'보다 '제사장'이라는 개념이 더 중요해 보입니다. 제사장은 이스라엘 백성들의 죄를 하나님께 들고 나가는 사람입니다. 루터는 제사장이 가지고 있는 죄 사함의 권세가 당시 가톨릭 성직자들에게만 있다는 것을 깨고 싶었던 거예요. 루터는 이 만인제사장론을 독일 크리스천 귀족들에게 쓰면서 사실상 자신의 사제직을 포기한 것으로 보입니다. 적어도 사제로서의 권위의식은 내려놓은 것이지요. 이제 성직자는 예배를 인도하는 역할을 하는 노동자입니다. 다른 직업의 사람들이 각자 다른 일로 하나님의 일을 하는 것처럼 말입니다. 신자들은 이제 꼭 성직자를 거치지 않아도 하나님께로 나아갈 수 있습니다. 교황으로 대표되는 교회의 권위에 강력한 도전이었습니다. 이런 의미에서 만인제사장론은 당시 엄청난 메시지였죠. 하지만 500년이 지난 지금도 교회에서는 목회자에 대한 의존도가 높습니다. 목회자 스스로가 자신의 위치를 권위적인 자리로 올려놓기도 하고요.

석인덕 루터의 종교개혁 이전 세상의 변화가 종교개혁에 영향을 끼친 면도 있지 않을까요? 16세기 초에 상업이 번창하고 서민들도 부를 축적할 수 있게 되면서 시민사회가 형성되었고, 인문주의 사상의 영향력이 점점 커져갔습니다. 거기에 정치적인 이유까지 더해졌던 것 같습니다.

김만종 석인덕 목사님 말씀에 동의합니다. 만약 루터가 프랑스나 이탈리아에 있었다면 종교개혁은 불가능했을 겁니다. 프랑스는 절대왕정주의이고, 이탈리아는 교황중심체제가 완전히 확립되어 있었거든요. 반면 독일은 제후의 자치 권력이 커서 황제와 교황의 영향권에서 멀리 떨어져 있었어요. 이런 정치적 지형이 루터의 종교개혁에 큰 도움이 되었습니다. 또한 사회적으로는 시민들이 인간 개개인을 존중하는 인문주의의 영향을 받기 시작한 터라 만인제사장론을 쉽게 이해할 수 있었어요. 이를 통해 자신들이 존중받는 경험을 하게 된 것이 종교개혁의 확산에 꽤 큰 영향을 미쳤고요.

안재중 루터를 통해 시민사회는 사회구조 전반에 걸친 변화의 근거를 얻었다고 생각합니다. 시대의 변화 속에 루터가 있었고, 루터의 메시지를 통해 시대의 변화는 더욱 가속화 되었습니다. 물론 루터가 개혁의 안정성을 위해 귀족과의 동맹을 선택했고, 당시의 계급구조를 깨지 못했다는 한계는 있습니다. 하지만 이후 종교개혁 2세대인 칼뱅이 루터의 영향을 받아 시민계급을 더욱 성장시킨 것은 분명합니다.

손교훈 루터가 종교개혁을 시작했던 때는 분명히 세상이 변화되고 있는 시점이었습니다. 흑사병의 창궐로 인해 사람들의 생각에 변화가 왔고, 인쇄술을 비롯한 기술의 진보가 있었습니다. 상업이 발달하여 경제 구조도 변하고 있었죠. 이런 세상의 변화들이 종교개혁에도 큰 영향을 미쳤어요. 최근에 교회가 코로나 팬데믹을 거치면서 많은 변화를 경험하는 것과 닮아 있는 것 같습니다. 교회가 세상의 변화를 이끌기도 했지만, 세상이 교회에 영향을 주기도 하는 것이죠. 교회는 세상과 분리해서 존재할 수 없습니다. 늘 상호작용관계 속에서 잘 소통했을 때 교회의 건강함을 지킬 수 있는 것 같습니다.

오강일 1648년, 30년 전쟁이 끝났을 때 독일 교회는 신앙의 회의에 빠져 있었습니다. 이때, 다시 질문이 시작되었어요. 진정한 신앙생활이라는 건 무엇인가? 어떻게 하면 교회의 사명을 회복할 수 있을까? 이들이 찾은 답은 교리가 아니라 삶이었습니다. 그들은 세상을 섬기기 시작했습니다. 전쟁으로 경제력을 잃은 사람들, 몸이 아픈 사람들, 고아와 과부가 된 사람들, 가난한 노동자들을 돕는 일을 했습니다. 그러나 단순한 봉사활동만 한 게 아니라 소그룹 모임을 통해 말씀을 묵상하고 기도하며, 개인의 경건 생활을 점검했습니다. 대표적으로 제가 살고 있는 프랑크푸르트에서 사역했던 야콥 슈페너 (Philipp Jacob Spener) 같은 인물이 그 시대의 리더입니다. 저는 루터의 종교개혁이 끼친 가장 큰 영향 중의 하나가 '세상에 대한 관심'이라고 생각합니다. 각 시대마다 처한 상황이 있고 교회의 과제가 있는 것 같습니다. 오늘날 유행처럼 논의되는 "공공신학", "교회의 공공성"이라는 주제 역시, 우리가 혼란한 세상 속에서 시대정신을 고민했던 종교개혁자들의 후예임을 보여주는 것이라고 생각합니다.

세 번째 키워드:
종교개혁과 복지

세상을 섬기는 것을 소명으로 생각했던 종교개혁 정신은 가난을 개인의 책임이 아닌 공동체의 문제라고 여겼습니다. 요즘도 양극화가 심해지고, 생활의 어려움을 겪고 있는 사람들이 많습니다. 우리는 이 가난의 문제를 어떻게 보아야 할까요?

Q. 루터의 시대에는 서민들의 가난이 보편적이었다고 합니다. 루터는 이 가난의 문제를 어떻게 보았고, 어떻게 극복하고자 했나요?

허승우 중세시대에 많은 사람들이 가난했던 대표적인 이유로 흑사병을 들 수 있습니다. 사회적 재앙이었죠. 거기에 종교적 수탈도 더해졌어요. 농민들이 전체 인구의 80-90%를 차지했는데, 이들에게 부과된 세금이 엄청났어요. 거의 수익의 2/3에 해당되었다고 합니다. 이런 과도한 세금이 흑사병이라는 재앙에도 전혀 줄어들지 않았다고 해요. 오히려 세수 감소를 우려한 영주들과 교회는 세금을 더 올렸다고 합니다. 흑사병의 위협에서 살아남아도 과도한 세금으로 인해 삶이 위협받았던 겁니다. 루터는 이런 현실에 분노했어요. 하나님의 이름으로 행해지는 폭압을 참을 수 없었습니다. 그에게 면죄부 판매는 구원의 이름으로 서민들의 주머니를 터는 강도짓으로 여겨졌습니다.

손교훈 허승우 목사님 말씀을 듣고 보니, 루터가 가난을 설명하면서 사마리아인의 비유를 사용한 것이 이제 이해가 됩니다. 루터는 '가난한 이웃'을 '강도 만난 이웃'이라고 했는데요. 가난이 사회적 부조리에서 발생한다는 것을 말하는 거였지요. 당시 상황을 들으니 분명해지는 것 같습니다.

오강일 중세시대에는 서민들의 가난을 당연한 것으로 여겼던 것 같습니다. 계층이 나누어진 신분사회에서 기득권자들은 가난을 신분이 낮은 사람들이 감당해야 할 일로 여겼고, 서민들은 그 구조를 받아들일 수밖에 없었던 것 같습니다. 그런 사회에서 루터의 생각은 달랐어요. "우리가 열심히 노동하는 이유는 가난한 이웃을 돕기 위해서다." 루터는 가난을 개인의 책임을 넘어 공동체가 함께 해결해야 할 문제로 인식한 거죠.

석인덕 루터는 가난한 사람들이 구걸하는 것을 법으로 금지시켰어요. 왜냐하면 구걸은 그리스도인과 교회가 이웃 사랑이라는 사회적 책임을 다하지 않았다는 것을 의미했기 때문입니다. 책임을 가난한 사람이 아니라 가난을 방치한 사회에 물어야 한다는 것이었지요. 루터는 가난의 문제를 해결하기 위해 시와 교회가 연합할 것을 제안합니다. 그 결과 루터가 살던 도시 비텐베르크에는 길거리에서 구걸하는 사람이 사라졌다고 합니다.

어유성 이 맥락에서 구제의 대표적인 사례가 라이스니히 공동금고 (Leisnig Gemeine Kasten)입니다. 라이스니히는 루터의 종교개혁을 지지했던 도시인데요. 라이스니히 교회의 기본조례를 루터가 만들었어요. 여기에서 루터는 "최고의 예배는 현재 곤경에 빠진 이를 돕는 것"이라고 밝힙니다. 가난의 문제를 공동체가 함께 극복하자는 거였지요. 공동금고의 열쇠는 모두 3개인데, 교회와 시당국, 시민 대표가 이 열쇠를 하나씩 나눠가졌고요, 세 명이 다 모여야 금고를 열 수 있었습니다. 이 금고의 돈으로 가난하고 병든 자를 위한 복지에 사용했습니다. 필요에 따라 이 금고문을 열었을 때 돈이 모자란 적이 한 번도 없었다고 해요. 이런 이유로 독일에서 가장 큰 복지재단인 디아코니의 뿌리를 라이스니히 공동금고로 보는 견해들이 있어요.

오강일 그럼 오늘날 디아코니가 루터의 시대정신에 기초한다고 보면 될까요?

어유성 네. 오늘날의 디아코니가 종교개혁 정신에 기초한 것은 맞아요. 하지만 당시의 공동기금 시스템이 오늘날의 디아코니와 똑같다고 보기는 어렵습니다. 이 공동기금은 그 지역 거주민들에게 우선적으로 사용되었어요. 외부인들을 수용할 수 있는 역량이 안됐던 거죠. 그래서 시의회와 교회가 역할을 분리하고, 좀 더 구조적 역량을 키우려는 시도가 이어졌습니다. 시의회가 돈을 내고, 교회는 이를 실천하는 형태로 말이죠. 이것이 30년 전쟁이 끝나고 사회문제가 심각하게 발생했던 17세기 후반의 경건주의 시대에 들어서서는 슈페너, 프랑케,

진첸도르프 등에 의해 좀 더 구체적이고 조직적인 디아코니 모델들이 제시됩니다. 이후 19세기에 비헤른(Johann Heinrich Wichern)이 그때까지 시도된 디아코니의 실제적 시도를 통합하여 조직화 시켰어요. 이렇게 해서 현재 독일에서 가장 큰 뒤셀도르프 디아코니 재단이 세워졌습니다. 1848년 독일 교회의 날(Kirchentag) 행사에서 "나에게 있어서 사랑은 믿음과 같다"(Die Liebe gehört mir wie der Glaube)라고 외쳤던 그의 연설이 디아코니아 운동의 불길을 당겼다고 해요.

손교훈 맞습니다. 비헤른과 함께 꼭 언급해야 할 인물이 테오도르 플리드너(Theodor Fliedner) 목사인데요. 그는 '제1회 독일 교회의 날' 행사에서 사회봉사운동 조직화가 선언되기 12년 전인 1836년에 이미 뒤셀도르프 카이저스베르테르 지역에 병원이자 봉사자 훈련센터인 카이저스베르테르 디아코니(Kaiserswerther Diakonie)를 설립했습니다. 특히 'Mutterhaus'(어머니의 집)라는 여성봉사자들의 기숙훈련공동체가 운영되었는데요. 이것이 첫 개신교 수녀 역사의 출발점이 되었습니다. 지금도 이곳에서는 의료 및 교육, 문화예술 등 우리가 생각할 수 있는 전 분야의 사회봉사 시스템이 돌아가고 있습니다. 여기에 우리 교회가 수십 년째 함께 자리하고 있구요.

어유성 오늘날 독일 디아코니는 어려움에 처한 사람을 보면, 그 문제의 근원에서부터 해결책을 찾으려고 합니다. 비기독교인들에게도 동일하게 지원하고요. 저는 이것이 독일 개신교의 힘이라고 생각합니다. 많은 사람들이 유럽의 교회가 죽었다고 하는데요, 이들이 사랑을 실천하는 것을 보면 그렇게 말해도 되나 싶어요. 이런 면에서 볼 때 한국 교회의 복지기관들이 단순히 전도를 목적으로 운영되고 있는 것은 다소 문제가 있어 보입니다. 어떤 목적이 있어서 사랑하고 섬기는 게 아니라, 사랑이 그리스도인의 책임이고 감사의 표현이라는 생각으로 섬겼으면 좋겠어요.

Q. 대화를 하다 보니 오늘날 독일의 복지 시스템이 루터의 종교개혁 정신과 여전히 맞닿아 있다는 느낌을 갖게 되네요. 종교개혁의 영향력이 남아 있거나 지속적으로 발달한 분야는 어떤 것이 있을까요?

석인덕 저는 교육 분야라고 생각합니다. 독일의 공교육을 제일 먼저 시작한 것이 루터의 동역자였던 멜란히톤이었습니다. 뛰어난 사람이었고요, 독일 공교육의 아버지라고 불립니다. 서민들에게 배울 권리가 주어진다는 건 당시로서는 혁명적이었습니다. 최초의 김나지움 시스템을 멜란히톤이 만들었다고 전해집니다.

허승우 그 최초의 학교가 제가 사는 뉘른베르크에 있습니다. 멜란히톤이 루터의 교육철학을 구체화시킨 것이지요. 루터가 생각했던 교육의 목적은 첫째로 하나님과 자신을 아는 것이었어요. 모든 인간은 죄인이지만, 하나님은 그 죄인을 버리지 않으시고 은혜로 구원하시는 분이라는 것을 가르치는 거죠. 둘째로 더 나은 사회를 만들기 위해서였습니다. 공부를 잘해서 좋은 대학에 가고, 부와 명예를 얻고 출세하는 게 목적이 아니라, 하나님께서 불러주신 자리에서 소명을 다하기 위해서였어요.

오강일 루터는 직업교육에 대해서는 어떻게 생각했나요?

김만종 당연히 직업교육의 필요성에 대해서도 강조했어요. 세상에는 다양한 직업군이 있잖아요. 영주들을 비롯한 정치인도 있고요, 상인, 농민, 수공업 기술자들도 있습니다. 루터는 모든 직업을 하나님이 주신 것이라 여겼고요, 모든 직업 현장에서 그리스도인의 모습으로 세상을 섬기고 하나님을 섬기며 살아야한다고 강조했습니다. 이게 직업소명설이지요. 독일에서 마이스터 제도가 발달하고, 기술자가 인정받게 된 것도 이런 배경에서 가능했던 것입니다.

손교훈 당시 교육에 있어 가장 훌륭한 점은 모든 사람들에게 교육받을 권리가 주어졌다는 겁니다. 예를 들어, 어떤 문제로 더 이상 교육을 받을 수 없는 아이가 생겼을 때, 시의회가 기금을 만들어 지속적인 교육을 받을 수 있도록 도왔습니다. 이전에는 대부분의 학교교육을 가톨릭교회가 담당했고, 교회의 일꾼을 양성하는 것이 목적이었지요. 그런데 루터가 가톨릭과 결별하고 시의회가 공교육을 담당하게 함으로써, 교회뿐 아니라 세상을 섬기는 사람을 양성하는 것으로 교육목적이 달라진 것입니다. 모든 사람에게 교육의 기회를 주는 것이 국가와 사회 모두에게 이로운 것이라는 생각이었어요.

오강일 종교개혁이 교회개혁뿐 아니라 교육개혁에도 중요한 역할을 했던 것 같습니다. 오늘날 한국 사회에서는 교육의 문제가 뜨거운 감자로 여겨지고 있는데요. 한국의 교육 현실에 루터가 주는 울림은 없을까요?

전영광 저는 두 가지를 생각해 보고 싶습니다. 첫째는 루터가 아이들을 위한 교육을 강조했다는 겁니다. 루터는 자녀들이 고립된 세상에 버려지지 않고, 공동체 안에서 다른 친구들과 즐거움에 동참하는 것을 중요하게 생각했습니다. 둘째로는 교사의 중요성을 강조했는데요. 시장과 시의원, 제후와 영주 없이는 지낼 수 있지만, 학교와 교사 없이는 살 수 없다고까지 말했습니다. 그러면서 교사들에게 성직자와 같은 마음으로 학생들을 대하고 교육하라고 권면했어요. 요즘 한국에서 입시 위주의 교육 속에 살아가는 아이들을 보면 미안한 생각이 듭니다. 루터의 말대로 아이들을 고립된 세상으로 내모는 것 같아서요. 교회 교육이 입시 교육에 밀려버린 채 갈 길을 잃어버린 것도 참 안타깝고요. 공교육이 무너지고 사교육에만 매달려 천문학적인 돈을 쏟아 붓는 현실도 문제인데, 이를 해결할 방안이 전혀 보이지 않아 또 막막합니다. 요즘은 교사들의 권위도 무너지고 있잖아요. 이래도 괜찮을까 싶은 생각을 하게 됩니다. 21세기 한국사회와 교회는 루터의 교육정신에 귀를 기울였으면 합니다.

네 번째 키워드:
희망

우리 대담의 밑바탕에는 한국 교회가 있습니다. 어려운 시기를 보내고 있는 한국 교회의 희망은 무엇일까요?

Q. 오늘날 한국 교회를 향해 많은 사람들이 비판하는 모습을 보게 됩니다. 이런 현상에 대해서 어떻게 생각하는지요?

손교훈 한국 교회는 프로그램 위주로 끌고 가는 경향이 있습니다. 그러다 보니 유행을 따라 지나갑니다. 코로나 팬데믹이라는 큰 이슈를 지나면서도 마찬가지라고 생각합니다. 그저 코로나 이전처럼 예배당에 모여 북적거리던 모습만을 회복하고 싶어 하는 것 같습니다. 왜 이런 현상들이 생겼을까요? 한국 교회가 수많은 교단으로 찢어지고 개교회주의가 팽배해진 것이 아프게 다가옵니다. 저는 한국 교회에 대해 얘기하다 보면 답답할 때가 많습니다. 교우들과 조국 교회에 대한 중보기도를 함께 하다보면 저도 모르게 눈물이 나고요. 그래서인지 몇년 전부터는 이 기도제목을 회피하게 되었습니다. 부정적이고, 우는 모습만 성도들에게 보이는 것 같아서 말입니다.

오강일 교회에 대한 비관은 젊은 세대들이 더 한 것 같습니다.

손교훈 젊은 세대들은 더 그럴 것같아요. 우리가 젊었을 때보다 경쟁은 더 치열해졌고, 부익부 빈익빈은 더 심해졌고요. 소위 포스트 크리스 텐덤(Post-Christendom, 탈기독교시대)이라 하여 기독교가 세계에 끼칠 수 있는 영향력이 절대적으로 줄어들었죠. 사회 속에서 교회가 신뢰받는 공동체로 인정받지 못하고 있으니 젊은 세대의 비관은 충분히 공감됩니다.

저는 오늘날 우리의 문제 중 하나가 오만함에서 오는 게 아닐까 생각합니다. 우리는 타락한 교회에 저항하며 나온 개혁교회라는 과도한 자부심이 있는 것 같습니다. 가톨릭을 비판하고, 그들을 경계하면서도 우리의 잘못에 대해서는 너무도 둔한 잣대를 가지고 있어요. 개혁된 우리가 얼마나 본질에서 왜곡되었는지 돌아보려고 하지 않습니다. 어떤 이들은 독일 교회가 죽었다고 말하잖아요. 주일날 교회당에 모이는 사람들의 숫자로만 판단하는 게 아닐까요. 독일 교회를 들여다보고 배우려는 생각은 없습니다.

어유성 문제를 말하는 건 끝이 없어요. 저는 교회 안에서 변화를 추구하려고 하는 경향이 약해지고 있다는 생각이 듭니다. 한국에서 목회하는 동기 목사님들을 만나보면 요즘 젊은 교역자들도 변화에 대한 마음이 부족하다는 거예요. 물질만능주의에 매몰된 건가, 시대를 생각하며 저항하려는 정신이 약화된 건가 싶은 생각이 듭니다. 한국 사회가 성공신화에 굶주려 있는데, 교회가 그것으로부터 자유롭지 못하다면 개혁이라는 말은 공허한 울림에 그치고 말 것입니다. 게다가 이론과 실천이 분리된 것 같다는 생각이 듭니다. 이론은 더 치밀해진 것 같은데 행동으로 이어지는 건 굉장히 부족합니다. 루터의 관점으로 볼 때 우리 한국 교회는 더 실천적인 방향으로 나아가야 하지 않을까 싶습니다.

오강일 저는 세상이 우리를 어떻게 보느냐가 중요하다고 생각합니다. 2023년 1월에 기윤실에서 조사한 〈한국 교회의 사회적 신뢰도 여론 조사〉라는 걸 보면, "교회를 신뢰하느냐"는 질문에 긍정 21%, 부정 74%의 결과가 나왔어요. 부정 평가가 매년 증가하고 있어요. 교회에 대한 신뢰가 점점 더 떨어지고 있는 것이지요. 10여 년 전부터 늘어난 교회의 비리와 목회자의 비윤리적인 모습이 큰 영향을 끼쳤다고 생각합니다. 게다가 대형교회들의 세습이 이어지면서 교회가 지탄의 대상이 되어 가는 것 같고요. 세계에서 가장 큰 장로교회라는 명성교회의 세습은 교회가 가진 욕망을 세상에 들킨 사건이라고 생각합니다.

김성규 교인들과 독서 모임을 하다가 한국 교회의 문제를 다룬 책을 읽었습니다. 그런데 그 책의 저자가 한국 교회에서 문제가 되고 있는 대형교회 목회자였습니다. 공허해지더라고요. 각자가 왜곡된 기준들을 가지고 자기 말만 하는구나 싶더라고요.

Q. 한국 교회의 문제점에 대해 말을 하다 보면 가장 큰 이슈 중 하나가 세습 문제인 것 같습니다. 명성교회가 대표적인데요. 이에 대해 어떻게 생각하시나요?

손교훈 명성교회 세습이 옳지 않다는 건 분명합니다. 하지만 우리가 젊었을 때는 세습이 지금처럼 주요 이슈가 되거나 사회적 비난의 원인이 되지는 않았던 것 같습니다. 왜 세습이 갑자기 이렇게 큰 쟁점이 되었는지부터 생각해 보면 좋겠어요.

어유성 저도 생각해 보면 우리가 처음 신학공부를 했던 70-80년대에는 세습에 대한 말이 지금처럼 많이 들리지 않았습니다. 오늘날 전국적으로 수 백여 교회가 세습한 걸로 알고 있습니다. 처음에는 아버지가 목회하다가 아들에게 물려주는 형식이었다면, 이제는 아들뿐 아니라 사위 또는 조카들에게까지 물려줍니다. 더 나아가 기업합병 하듯이 다른 교회와 합병을 하거나 교차 세습을 하는 등 방법도 아주 다양해졌어요. 교회가 맘몬에 의해 무너진 것이 아닌가 싶어요.

김만종 돈도 돈이지만 저는 기본적으로 교회를 자기 것으로 생각하거나 지분이 있다고 여기는 게 문제라고 생각합니다. 처음 교회를 시작하면 얼마나 어렵습니까. 목회자들이 교회를 섬기며 고생을 많이 한 것도 맞습니다. 문제는 그렇게 해서 교회가 커지면, 교회를 자신의 수고와 능력으로 일구어낸 업적이라고 생각하는 것 같습니다. 그러니 남 주기 아까운 거예요.

오강일 저는 2006년에 신학 공부를 시작했는데요, 그때만 해도 신학교 안에서 교회 세습이 지금처럼 뜨거운 논쟁거리는 아니었던 것 같습니다. 제 아는 선배도 아버지 목사님 뒤를 이어 세습했는데 지금처럼 비난받지는 않았거든요. 그러다 몇몇 대형교회들이 세습을 하면서 주목받기 시작했는데, 돈 문제, 자질 문제, 절차 문제 등이 다 드러났어요. 명성교회 세습은 세상의 비난에 기름을 부었고요.

김만종 명성교회 세습을 지지하는 이들은 말할 것도 없고, 그들의 잘못을 알면서도 아무렇지도 않게 넘어가는 목사가 더 많다는 현실에 가슴이 아픕니다. 아무것도 하지 않고 그들의 판에서 놀아주는 게 이미 종교개혁 정신에서 멀어진 것이 아닐까요.

오강일 명성교회의 세습은 그 자체로도 문제지만 한 교회가 총회의 법을 어겨도 아무런 제지를 받지 않고, 오히려 총회가 나서서 그 불법을 해결해 주려고 노력하는 데 큰 슬픔을 느낍니다. 교회가 공정하지 않고 돈과 권력 아래 있는 것 같아서요. 그 이후에 여러 교회들이 뒤따라 세습을 강행했다는 것도 슬픈 현실이고요.

Q. 일부에서는 한국 교회가 중세시대 교회 같다는 말을 많이 합니다. 이에 대해서는 어떻게 생각하시는지요?

석인덕 사실 같은 점보다는 다른 점이 훨씬 많지요. 같은 점이라면 교회가 물질의 문제에 너무 집착하고 있는 겁니다. 돈이 많은 사람들은 영혼의 구원을 받기 위해 교회에 막대한 헌금을 했고, 사람들은 그것을 아무런 비판 없이 수용했습니다. 저는 이게 오늘날 교회와 닮았다고 생각해요. 하지만 그 시대와 오늘의 가장 큰 차이점은 교회가 세상에 미칠 수 있는 영향력의 차이라고 생각합니다. 당시는 교회가 사회에 영향을 미칠 수 있는 시대였어요. 종교와 사회가 맞물려 있었고, 종교가 삶에서 분리될 수 없었어요. 그런데 오늘날에는 종교와 삶이 철저히 분리되어 있잖아요. 교회를 반대하는 사람이 문제가 아니에요. 세상 사람들은 교회에 관심 자체가 없어요.

손교훈 정치적인 문제도 빼놓을 수 없는 주제입니다. 루터의 종교개혁 당시 교황이 레오 10세입니다. 그는 피렌체의 그 유명한 메디치 가문, 로렌초의 아들입니다. 로렌초는 자신이 가진 막대한 돈으로 큰아들은 정치를 시키고, 둘째 아들에게는 교회를 맡길 생각이었다고 합니다. 그래서 훗날 레오 10세가 되는 둘째 아들 조반니를 8세에 사제 서품을 받게 하고, 13세에 추기경으로 만들었어요. 그리고 조반니는 37세에 교황이 됩니다. 돈과 권력이 교황을 만들 수도 있었던 겁니다. 종교 권력이 사유화되고 정치화되었다는 것은 분명해요.

오늘날 교회도 이런 문제를 가지고 있는 것 같습니다. 교회 지도자들이 교권을 함부로 사용하기도 하고요. 노골적으로 정치적 성향을 드러내고 권력과 결탁하는 경우도 많습니다.

허승우 저는 오늘날 교회가 사회 안에서 아무런 지도력을 행사할 수 없다는 것을 심각하게 생각합니다. 종교개혁 시대에는 성도 개인이 교회를 선택할 수 있는 게 아니었어요. 자신의 거주지 영주에 의해 주어졌어요. 하지만 지금은 신앙의 선택권이 개인에게 있습니다. 스스로 자유롭게 선택할 수 있어요. 편하고 좋은 곳을 찾게 돼요. 그러다 보니 교회는 성도들의 성향에 맞춰 성장지향으로 갈 수밖에 없습니다. 거기다가 목사들이 너무 많은 데 비해 자질은 전체적으로 떨어집니다. 그에 따라 성도들의 수준도 떨어져요.

얼마 전 대형교회 목회자들이 국회 앞에서 피켓 시위를 하는 것을 보았습니다. 성도들이 목회자들을 길거리로 내몬 것으로 생각합니다. 목회자들이 지도력을 상실하고 성도들에게 휘둘리는 것을 보여주는 대표적인 예인 거예요. 물론 불필요하게 권위적인 목회자도 비판해야겠지만, 아예 목회자가 지도력을 상실해버린 세상에서 그럼에도 교회개혁을 말해야 하는 현실이 너무 마음 아픕니다.

오강일 저는 오늘날 교회가 점점 중산층화 되어가는 것에 대해 생각해 봅니다. 우리나라가 70-80년대 산업화를 거치면서 교회는 그 과실을 그대로 얻으면서 부흥기를 맞았어요. 하지만 1990년대 말, 그러니까 IMF 이후 신자유주의의 물결 속에서 시민들의 경쟁은 심해지고 양극화는 점점 더 심화되었어요. 이때 교회는 이미 성장주의에 내몰려 있었고, 약자의 편이 아니라 기득권의 편에 서는 경우가 점점 더 많아졌습니다. 보수화된 것이죠. 더 이상 개혁을 말할 수 없게 되었어요. 이제 교회는 중산층의 필요에 맞는 공동체를 지향하는 것 같습니다. 중세 교회처럼 오늘날 한국 교회도 가난한 사람들이 가기에 부담스럽고 심리적 거리감이 있는 것 같습니다.

어유성 맞는 말씀입니다. 하지만 교회가 다 그런 것은 아닙니다. 어려운 환경에서도 건강하게 세워져 가는 교회들도 많습니다.

Q. 지금까지 우리 각자가 느끼는 한국 교회의 문제에 대해서 나누었습니다. 그런데요, 이런 얘기를 할 때마다 우리가 너무 비관적인 게 아닐까 하는 불편함이 있습니다. "하나님이 교회를 포기하지 않았는데, 우리가 포기한 건 아닐까?"라는 생각 때문입니다. 마지막으로 희망의 메시지 한 마디씩 부탁드립니다.

손교훈 젊은 날의 저는 뭔가 잘 되는 목회, 일에 대한 욕심이 있었던 것 같습니다. 그런데 요즘은 빈들을 많이 생각합니다. 그 아무것도 없는 빈들에서 오병이어 기적도 일어났지요. 우리가 잘 알다시피 이민 목회 현장이 쉽지 않잖아요. 하지만 이곳에 보내주신 주님을 기억합니다. 목회의 성과에 욕심 부리지 않고 끝까지 자리를 지키도록 하겠습니다.

석인덕 개인적인 자리에서 흔히 하는 말이 있는데요. "저는 교회 조금 다니고 예수 더 잘 믿을 겁니다." 교회라는 제도를 잘 되게 하기 위해 애쓰면서 그것을 목회라고 하는 말을 들을 때마다 교회가 하나님이 된 것 같은 생각이 듭니다. 저는 교회를 키우고 잘 되게 하는 것보다 골방에서 예수님과의 관계에 더 집중하고, 더 예수 닮기 위해 노력하고 싶습니다. 목사로서의 신앙이 아니라, 한 명의 그리스도인으로서 예수님께 집중하고 싶습니다.

김성규 중세 교회에서 종교개혁 시대로 넘어가며 신앙의 기준이 바뀐 것 같습니다. 그런 면에서 오늘날 우리들의 시대도 변하고 있다고 생각해요. 그런데 그 기준이 뭘까. 뭘 바꾸는 게 개혁일까. 어떤 교회가 개혁된 교회일까. 계속 고민하며 걸어가고, 맡겨진 자리에서 겸손하게 섬기도록 노력하겠습니다.

어유성 독일에서 유학생 친구들을 섬기며 한국 교회의 미래를 생각하니까 책임 의식이 생기더라고요. 우리 청년들에게 두 가지를 늘 말하는데요, 건강한 신앙을 가진 건강한 시민이 되라는 겁니다. 유학하면서 성장만 하고 성숙이 되지 않으면 독선과 아집이 생기기 쉽거든요. 보통 유학생들이 길면 3년, 짧으면 1년 저와 함께 신앙생활 하는데, 그 시간 동안 청년들의 신앙에 도움이 되도록 헌신하려고 합니다. 감사한 것은 한 해 한 해 지나면서 청년들이 자라는 걸 보는 것입니다. 저에게는 그런 모습이 희망인 것 같습니다.

임용일 저는 최근에 임지를 옮겼는데요, 우리교회와 함께 사용하는 독일 교회의 목사님이 어려운 상황 속에서도 교회를 위해 애쓰는 모습을 보며 많이 배우고 있는 중입니다. 작은 것에 감사하며 하나님께서 저를 사용하시기를 소망하며 섬기겠습니다.

전영광 저는 그루터기가 되고 싶습니다. 나무가 썩어서 베어져도 그루터기는 남듯이요. 제가 속해 있는 한국 교회가 지금 그런 시대를 지나고 있는 것 같습니다. 그래서 화려함에 눈을 돌리지 말아야겠다 싶습니다. 설교할 때에도 재미와 감동만 추구하는 것이 아니라, 하나님의 말씀 그대로를 잘 전하는 설교자가 되고 싶습니다.

오강일 저는 독일에 와서 목사님들을 뵈며 참 좋았습니다. 가식이 없고 솔직한 모습 때문이었습니다. 한국에서는 오히려 솔직하면 안 된다는 말을 더 많이 들었거든요. 그런데 독일에 와서 위선과 가식 없이도 목회를 하는 선배가 있다는 것이 저에게는 진짜 희망으로 다가왔습니다.

앞으로도 저는 진솔하게, 품위 있게, 선명하게 교회를 섬기도록 노력하겠습니다. 그리고 "하나님이 포기하지 않는 교회"를 마음에 품으며, 비관하지 않고 주어진 자리에서 열심히 하겠습니다.

김만종 저는 뭐든지 제가 하는 일에 치열해야겠다는 생각을 합니다. 이것이 저에게는 저항정신입니다. 물론 제 힘이 아니라 하나님의 은혜로 한다는 마음을 늘 잊지 않겠습니다. 저에게 허락된 매 순간이 부끄럽지 않게 2,000년 전 예수님과 500년 전 종교개혁 정신을 늘 기억하겠습니다.

허승우 내가 희망을 말할 수 있는 목회를 하고 있는지 반성하게 됩니다. 신학생 시절에 "〈착한 목자〉는 양들을 위해 목숨을 버린다"는 말씀이 가슴에 들어왔습니다. "아, 우리 주님이 착한 목자시지" 싶더라고요. 그리고 최선을 다해 착한 목자이신 예수님의 양이 되려고 했습니다. 그게 지금 제가 있는 자리라고 생각해요. 저는 목사로서 좋은 양

이 되고 싶습니다. 우리교회 성도들과 더불어 주님의 착한 양이 되고
싶습니다.

대담 정리

오강일 목사는 2016년 12월부터 프랑크푸르트우리교회 부목
사로 섬기고 있다. 하나님이 궁금해 신학을 했고, 신학공부를
하며 인간이 다 알 수 없는 크신 하나님 앞에 서는 감동을 누
렸다. 책으로만 보았던 종교개혁자들을 현장에서 다시 만나며,
그들의 치열한 고민을 오늘날 교회에 어떻게 적용할 수 있을
지 생각한다. 아울러 탈기독교시대에서 자라나는 세대들에게
어떻게 하나님 말씀을 생동감 있게 전할 수 있을지 관심이 많
다. 가족으로는 아내 최수진과 아들 유하, 갓 태어난 딸 유나가
있다.

부록 2

루터의
종교개혁 연대기

루터의 종교개혁 연대기
루터 퀴즈/정답

루터의 종교개혁 연대기

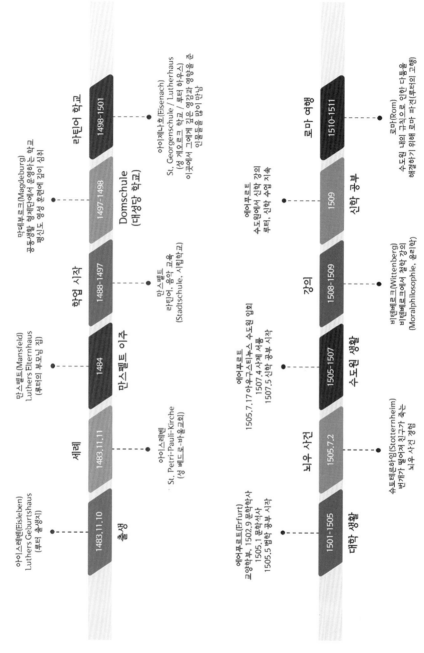

출생
1483.11.10
아이스레벤(Eisleben)
Luthers Geburtshaus
(루터 출생지)

세례
1483.11.11
아이스레벤
St. Petri-Pauli-Kirche
(성 베드로-바울교회)

만스펠트 이주
1484
만스펠트(Mansfeld)
Luthers Elternhaus
(루터의 부모님 집)

학업 시작
1488-1497
만스펠트
라틴어, 음악 교육
(Stadtschule, 시립학교)

1497-1498
마데부르크(Magdeburg)
공동생활 형제단에서 운영하는 학교
멜란히톤 영성 훈련에 깊이 심취
Domschule
(대성당 학교)

라틴어 학교
1498-1501
아이제나흐(Eisenach)
St. Georgenschule / Lutherhaus
(성 게오르크 학교 / 루터 하우스)
이곳에서 그에게 깊은 영감과 영향을 준
인물들을 많이 만남

대학 생활
1501-1505
에어푸르트(Erfurt)
교양학부, 1502.9 문학학사
1505.1 문학석사
1505.5 법학 공부 시작

뇌우 사건
1505.7.2
슈토터른하임(Stotternheim)
번개가 떨어져 친구가 죽고
뇌우 사건 경험

수도원 생활
1505-1507
에어푸르트
1505.7.17 아우구스티누스 수도원 입회
1507.4 사제 서품
1507.5 신학 공부 시작

강의
1508-1509
비텐베르크(Wittenberg)
비텐베르크에서 철학 강의
(Moralphilosophie, 윤리학)

신학 공부
1509
에어푸르트
수도원에서 신학 강의
루터, 신학 수업 지속

로마 여행
1510-1511
로마(Rom)
수도원 내의 규칙으로 인한 다툼을
해결하기 위해 로마 파견(루터의 고행)

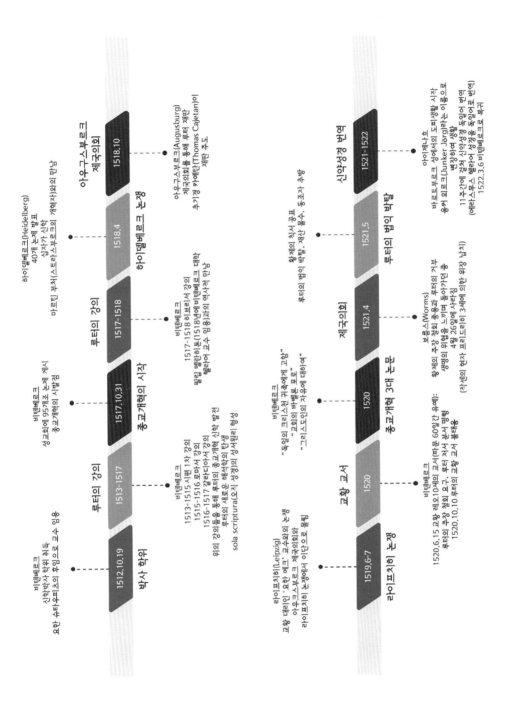

박사 학위 — 1512.10.19
비텐베르크
신학박사 학위 취득
요한 슈타우피츠의 후임으로 교수 임용

루터의 강의 — 1513-1517
비텐베르크
1513-1515 시편 1차 강의
1515-1516 로마서 강의
1516-1517 갈라디아서 강의
위의 강의들을 통해 루터의 종교개혁 신학 발전
루터의 새로운 해석학의 탄생
sola scriptura(오직 성경)의 성경원리 형성

종교개혁의 시작 — 1517.10.31
비텐베르크
성교회에 95개조 논제 게시
종교개혁의 시발점

루터의 강의 — 1517-1518
비텐베르크
1517-1518 히브리서 강의
필립 멜란히톤(1518년)에 비텐베르크 대학 헬라어 교수 임용/루터와 역사적 만남

하이델베르크 논쟁 — 1518.4
하이델베르크(Heidelberg)
40개 논제 발표
신학자가 신학
마르틴 부처(스트라스부르크의 개혁자)와의 만남

아우구스부르크 제국의회 — 1518.10
아우구스부르크(Augusburg)
제국의회를 통해 루터 재판
추기경 카예탄(Thomas Cajetan)이 재판 주도

라이프치히 논쟁 — 1519.6-7
라이프치히(Leipzig)
교황 대리인 '요한 에크' 교수와의 논쟁
아우구스부르크 논쟁에서 제국의회로
라이프치히 논쟁에서 이은으로 물림

종교개혁 3대 논문 — 1520
비텐베르크
"독일의 그리스도인 귀족에게 고함"
"교회의 바벨론 포로"
"그리스도인의 자유에 대하여"

교황 교서 — 1520
비텐베르크
1520.6.15 교황 레오10세의 교서(파문 60일간 유예):
루터의 주장 철회 요구, 루터 저서 분서 명령
1520.10.10 루터의 교황 교서 불태움

제국의회 — 1521.4
보름스(Worms)
황제의 주장 철회 종용과 루터의 거부
생명의 위협을 느끼며 돌아가는 중
4월 26일에 사라짐
(작센의 선제후 프리드리히 3세에 의한 위장 납치)

루터의 법의 박탈 — 1521.5
황제의 법의 박탈, 재산 몰수, 동조자 수방
황제의 칙서 공표

신약성경 번역 — 1521-1522
아이제나흐
바르트부르크 생애에서의 도피생활 시작
융커 외르크(Junker Jörg)라는 이름으로 변장하여 생활
11주간에 걸쳐 신약성경 독일어 번역
(에라스무스 헬라어 성경을 독일어로 번역)
1522.3.6 비텐베르크로 복귀

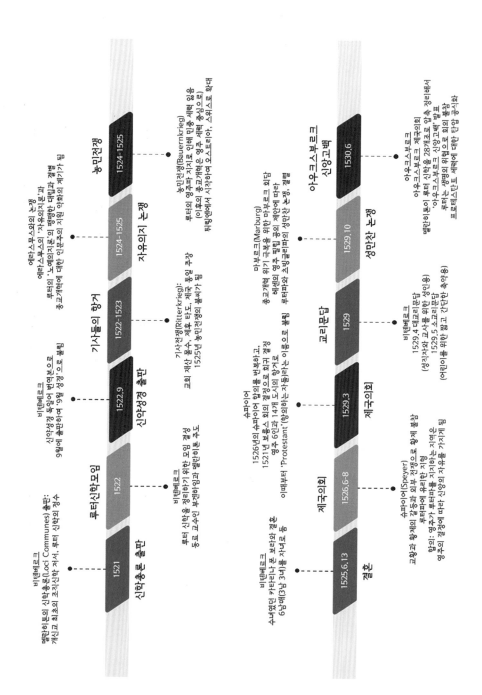

비텐베르크

신학총론 출판 1521

멜란히톤의 신학총론(Loci Communes) 출판: 개신교 최초의 조직신학 저서, 루터 신학의 정수

비텐베르크

루터신학모임 1522

루터 신학을 정리하기 위한 모임 결성 동료 교수인 부겐하겐과 멜란히톤 주도

비텐베르크

신약성경 출판 1522.9

신약성경 독일어 번역본으로 9월에 출판하여 '9월 성경'으로 불림

기사들의 항거 1522-1523

기사전쟁(Ritterkrieg): 교회 재산 몰수, 제후 타도, 제국 통일 주장 1525년 농민전쟁의 불씨가 됨

자유의지 논쟁 1524-1525

에라스무스와의 논쟁 에라스무스의 '자유의지론'과 루터의 '노예의지론'의 맹렬한 대립과 결별 종교개혁에 대한 인문주의 진영 악화의 계기가 됨

농민전쟁 1524-1525

농민전쟁(Bauernkrieg) 루터의 영주파 지지로 인해 민중 세력 잃음 (이후의 종교개혁은 영주 세력 중심으로) 퇴행인에서 시작하여 오스트리아, 스위스로 확대

비텐베르크

결혼 1525.6.13

수녀였던 카타리나 폰 보라와의 결혼 6남매(3남 3녀)를 자녀로 둠

제국의회 1526.6-8

슈파이어(Speyer) 교황과 황제의 칙령과 외부 전쟁으로 함께 불참 루터파에 유리한 지향 함의: 영주가 루터파를 지지하는 지역은 영주의 결정에 따라 신앙의 자유를 가지게 됨

제국의회 1529.3

슈파이어 1526년의 슈파이어 합의를 번복하고, 1521년 보름스 회의 결정으로 되려 경정 영주 6인과 14개 도시의 항거로 이때부터 'Protestant'(항의하는 자들)라는 이름으로 불림

묘리문답 1529

비텐베르크 1529.4 대교리문답 (성직자와 교사를 위한 선언용) 1529.5 소교리문답 (어린이를 위한 짧고 간단한 속약용)

성만찬 논쟁 1529.10

마부르크(Marburg) 종교개혁 위기 극복을 위한 마부르크 회담 헤센의 영주 필립 공의 제안에 따라 루터파와 츠빙글리파의 성만찬 논쟁, 결별

아우크스부르크 신앙고백 1530.6

아우크스부르크 아우크스부르크 제국의회 멜란히톤이 루터 신학을 28개조로 압축 정리해서 '아우크스부르크 신앙고백' 발표 루터는 생명의 위협으로 회의 불참 프로테스탄트 세력에 대한 단일 공식신학

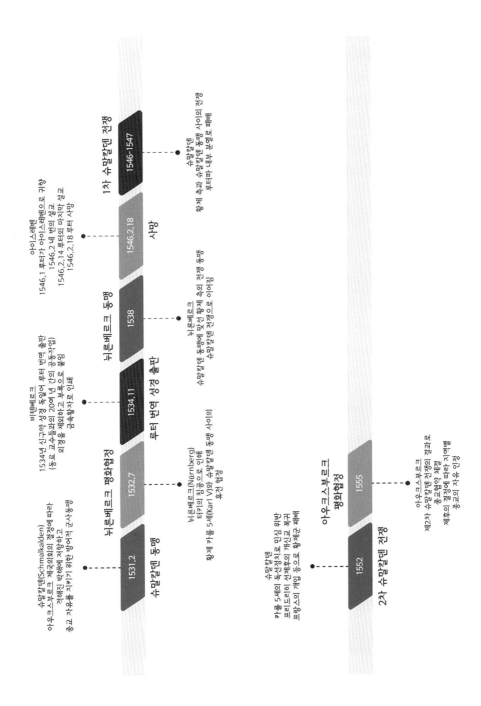

슈말칼덴(Schmalkalden)
아우크스부르크 제국의회의 결정에 따라
제국법 밖에서 종교개혁에 저항하고
종교 자유를 지키기 위한 방어적 군사동맹

슈말칼덴 동맹

1531.2

비텐베르크
1534년 신구약 성경 독일어 루터 번역 출판
(동료 교수들과의 20여 년 간의 공동작업)
의경을 제외하고 그 부록으로 공동번역
금속활자로 인쇄

뉘른베르크 평화협정

1532.7

뉘른베르크(Nürnberg)
터키의 침공으로 인해
황제 카를 5세(Karl VI)와 슈말칼덴 동맹 사이의
휴전 협정

루터 번역 성경 출판

1534.11

뉘른베르크 동맹

1538

뉘른베르크
슈말칼덴 동맹에 맞선 황제 측의 전쟁 동맹
슈말칼덴 전쟁으로 이어짐

아이스레벤
1546.1 루터가 아이스레벤으로 귀향
1546.2 네 번의 설교
1546.2.14 루터의 마지막 설교
1546.2.18 루터 사망

사망

1546.2.18

1차 슈말칼덴 전쟁

1546-1547

슈말칼덴
황제 측과 슈말칼덴 동맹 사이의 전쟁
루터파 내부 분열로 패배

카를 5세의 독선정치로 민심 이반
프리드리히 선제후의 개신교 보유
모량스의 개입 등으로 황제군 패배

2차 슈말칼덴 전쟁

1552

아우크스부르크
제2차 슈말칼덴 전쟁의 결과로
종교평화 체결
제후의 결정에 따라 지역별
종교의 자유 인정

아우크스부르크 평화협정

1555

부록 2 루터의 종교개혁 연대기

루터 퀴즈

1. 루터는 태어난 도시에서 죽었습니다. 이 도시는 어디인가요?

2. 루터의 부모 이름은 무엇인가요?

3. 아이제나흐에서 청소년기 루터가 살던 집의 여주인 이름은 무엇인가요?

4. 루터가 수도원에 들어가게 된 계기는 벼락이 떨어진 사건인데, 두려움에 떨던 루터는 무엇이라고 외쳤나요?

5. 루터는 어떤 도시에 있는 수도원에 들어갔나요?

6. 루터는 언제 비텐베르크 성교회 문에 95개 조항의 논제를 게시했나요?

7. 루터는 바르트부르크 성에 숨어지낼 때 어떤 이름을 사용했나요?

8. 루터를 보호해 준 선제후는 누구인가요?

9. 루터의 가장 가까운 동역자로서 루터 신학을 정리한 사람은 누구였나요?

10. 루터의 아내 이름은 무엇인가요?

11. 1520년에 쓴 루터의 대표적인 세 작품은 무엇인가요?

12. 뉘른베르크의 명가수 한스 작스는 종교개혁을 지지하는 시를 썼습니다. 이 시의 제목은 무엇인가요?

13. 루터가 면죄부를 반박하는 95개 조항의 논제를 쓰도록 만든 악명 높은 면죄부 판매상의 이름은 무엇인가요?

14. 루터는 그의 결정적인 대적자인 요하네스 에크와 어디에서 논쟁을 하였나요?

15. 아우크스부르크 제국의회가 열리고 있을 때(1530) 루터는 어디에 머물고 있었나요?

16. 개신교 영주들이 1531년에 맺은 동맹의 이름은 무엇인가요?

17. 루터는 언제, 어디에서 태어났나요?

18. 루터는 언제, 어디에서 사망했나요?

19. 루터의 무덤은 어디에 있나요?

20. 루터가 바르트부르크 성에서 했던 가장 중요한 작업은 무엇이었나요?

21. 종교개혁 시대에 루터와 가장 친했던 화가는 누구인가요?

22. 루터와 '자유의지론'으로 논쟁을 했던 유명한 인문주의자는 누구인가요?

23. 루터와 마부르크에서 논쟁했던 스위스의 종교개혁자는 누구인가요?

24. 루터가 설교했던 라이프치히의 유명한 교회 이름은 무엇인가요?

25. 루터는 몇 명의 자녀를 두었나요?

26. 루터가 전문음악인들과 협력해서 회중용으로 만든 찬송가는 무엇인가요?

27. 루터가 자신의 집에서 동료, 학생들과 함께 편안하게 이야기한 내용들을 사후에 편집해 놓은 책은 무엇인가요?

28. 1529년의 슈파이어 제국의회 이후 루터파에게 붙여진 이름은 무엇인가요?

29. "독일어 완역판 성경"은 언제 처음으로 출판되었나요?

30. 루터가 벼락 사건 이후 들어갔던 수도원은 어떤 수도원인가요?

31. 루터의 평생 동역자였고 비텐베르크 시교회 목사로 일했던 사람은 누구인가요?

32. 1518년에 하이델베르크에서 제기된 루터의 신학을 무엇이라고 부르나요?

33. 재판을 받기 위해 보름스로 가던 루터의 마음을 잘 표현한 찬송가는 무엇인가요?

34. 루터의 95개 논제를 가장 먼저 라틴어로 인쇄했던 뉘른베르크의 인쇄업자는 누구인가요?

35. 마부르크 종교회담의 주요 논제는 무엇이었나요?

36. 아우크스부르크 신앙고백 작성에 주도적인 역할을 했던 루터의 동역자는 누구인가요?

37. 루터의 종교개혁이 일어난지 약 150년 후 경건주의를 꽃 피운 도시는 어디인가요?

38. 종교개혁을 그림으로 남겼던 크라나흐의 그림 중 비텐베르크 시교회에는 어떤 작품이 남아 있나요?

39. 농민전쟁의 이유와 목적을 뚜렷이 보여주는 농민들의 요구를 담은 글은 무엇인가요?

40. 농민 전쟁 때에 농민들의 편에서 싸우다 죽은 종교개혁자는 누구였나요?

41. 기독교 신앙을 가르치기 위해 기초적 내용을 압축하여 표현한 루터의 교리책은 무엇인가요?

42. 독일 디아코니의 전신이라고 할 수 있는, 사회적 책임을 위한 종교개혁 시대 최초의 구제 금고 이름은 무엇인가요?

43. 영주의 통치 지역에 따라 종교의 자유를 허용하기로 한 가톨릭과 루터파 사이의 조약은 무엇인가요?

44. 1572년 8월 23일 샤를 9세의 명령에 따라 진행된 위그노 학살로 1만여 명의 위그노들이 죽게 됩니다. 이 날을 어떻게 부르나요?

45. 루터의 종교개혁에 맞서 가톨릭 안에서 일어났던 교회갱신 운동을 뜻하는 말은 무엇인가요?

46. 독일 경건주의의 시초라 불리우는 사람은 누구인가요?

47. 루터가 태어난 다음 날 세례를 받았던 교회의 이름은 무엇인가요?

48. 성만찬 논쟁과 슈말칼덴 동맹을 주도했던 헤센의 영주는 누구인가요?

49. 1525년 6월 27일 루터와 카타리나가 결혼할 때의 두 사람의 나이는 몇 살이었나요?

50. 1521년에 번역된 독일어본 신약성경이 1522년 9월에 출판됩니다. 이 성경의 이름을 무엇이라고 부르나요?

퀴즈 정답

1. 아이스레벤(Eisleben)

2. 부: 한스 루더(Hans Luder), 모: 마가레테 린데만(Magarete Lindemann)

3. 우르줄라 코타(Ursula Cotta)

4. 도와주소서, 성 안나여, 내가 수도사가 되겠습니다. (Hilf, St. Anna, ich will ein Mönch werden)

5. 에어푸르트(Erfurt)

6. 1517년 10월 31일

7. 융커 외르크(Junker Jörg)

8. 작센의 선제후 현자 프리드리히 3세(Friedrich III. der Weise von Sachsen)

9. 필립 멜란히톤(Philipp Melanchthon)

10. 카타리나 폰 보라(Katharina von Bora)

11. 『독일의 크리스천 귀족에게 고함』, 『교회의 바벨론 포로』, 『그리스도인의 자유에 대하여』

12. 비텐베르크의 종달새(Die Wittenbergisch Nachtigall)

13. 요한 테첼(Johann Tetzel)

14. 라이프치히(Leipzig)

15. 코부르크 성(Veste Coburg)

16. 슈말칼덴 동맹(Schmalkaldischer Bund)

17. 1483년 11월 10일, 아이스레벤

18. 1546년 2월 18일, 아이스레벤

19. 비텐베르크의 성교회(Schlosskirche Wittenberg)

20. 신약성경을 독일어로 번역

21. 루카스 크라나흐(Lukas Cranach)

22. 로테르담의 에라스무스(Erasmus von Rotterdam)

23. 츠빙글리(Ulrich Zwingli)

24. 토마스 교회(Thomaskirche)

25. 3남 3녀

26. 코랄레(Chorale)

27. 탁상담화(Tischreden)

28. 프로테스탄트(Protestant)

29. 1534년

30. 아우구스티누스 수도원(Augustinerkloster)

31. 부겐하겐(Johannes Bugenhagen)

32. 십자가 신학

33. 내 주는 강한 성이요

34. 횔첼(Hieronymus Höltzel)

35. 성만찬 논쟁

36. 필립 멜란히톤(Philipp Melanchthon)

37. 할레(Halle)

38. 제단화

39. 12개 요구조항(Zwölf Artikel)

40. 토마스 뮌처(Thomass Müntzer)

루터의 장미(Lutherrose)

각각 붉은 색은 심장, 검은 십자가는 예수 그리스도의 구원, 흰 장미는 믿음이 주는
평안과 기쁨, 둘러싸인 하늘색은 그리스도인이 소망해야 할 하나님 나라를 상징합니다.

마르틴 루터
(Martin Luther)
1483-1546